Tiziano Scarpa

Venedig ist ein Fisch

Tiziano Scarpa

Venedig ist ein Fisch

Erweiterte Neuausgabe
Aus dem Italienischen von Olaf Matthias Roth

Verlag Klaus Wagenbach Berlin

Die italienische Originalausgabe erschien 1998 unter dem Titel *In gita a Venezia con Tiziano Scarpa* bei Paravia in Turin, die erweiterte Neuausgabe 2020 unter dem Titel *Venezia è un pesce. Una guida nouva* bei Feltrinelli Editore in Mailand. Die deutsche Übersetzung erschien erstmals 2002 als WAT 433 im Wagenbach Verlag.

FSC www.fsc.org
MIX
Papier | Fördert gute Waldnutzung
FSC® C014889

Wagenbachs Taschenbuch 871

Verlag Klaus Wagenbach, Emser Straße 40/41, 10719 Berlin
www.wagenbach.de
Umschlaggestaltung Julie August. Das Karnickel auf Seite 1 zeichnete Horst Rudolph. Autorenfoto © Schwichow
Gesetzt aus der Caslon. Gedruckt und gebunden bei Pustet, Regensburg.

ISBN 978 3 8031 2871 3

Venedig ist ein Fisch. Schau es dir auf einer Landkarte an. Es ähnelt einer riesigen Seezunge, die platt auf dem Grund liegt, oder einer Dorade, die auf einer Welle dahinschießt. Wieso ist dieses Wundertier die Adria hinaufgeschwommen und hat sich ausgerechnet hier verkrochen? Es hätte ja noch ein wenig umherstreifen können, um mal hierhin, mal dahin einen Abstecher zu machen, ganz nach Lust und Laune. Reisen, durch die Gegend ziehen, sich die Zeit vertreiben, so wie es das immer gern getan hat: dieses Wochenende in Dalmatien, übermorgen in Istanbul, nächsten Sommer in Zypern. Wenn es nun hier vor Anker gegangen ist, so muss es dafür einen Grund geben. Die Lachse reiben sich die Bäuche auf, wenn sie gegen den Strom schwimmen, erklimmen Wasserfälle für ihr Liebesspiel in den Bergen. Wale, Sirenen und Galionsfiguren, alle sterben sie in der Sargassosee.

Die anderen Bücher würden lächeln über das, was ich dir da erzähle. Sie berichten von der Entstehung der Stadt aus dem Nichts, dem glänzenden Aufstieg zur Handels- und Militärmacht, dem Niedergang: Märchen. So ist es nicht, glaub mir. Venedig hat es schon immer in der Form gegeben, die du siehst. Seit Anbeginn der Zeiten schwimmt es herum; in allen Häfen hat es Station gemacht, kennt alle Flüsse, alle Quais und Molen. An seinen Schuppen blieben orientalische Perlen haften, durchsichtiger phönizischer Sand, griechische Mollusken, byzantinische Algen. Eines Tages spürte es jedoch die Last jener Splitter und Körnchen, die es so nach und nach auf der Haut angesammelt hatte; es bemerkte, welche Kruste es mit sich herumschleppte. Seine Flossen wurden zu schwer, um sich durch die Strömung zu schlängeln. Daher beschloss es, ein für alle Mal in eine der Buchten weiter oben am Mittelmeer hinaufzuschwimmen, in die ruhigste, die entlegenste, und sich dort auszuruhen.

Auf der Landkarte gleicht die vier Kilometer lange Brücke, die es mit dem Festland verbindet, einer Angelschnur: Es sieht aus, als hätte Venedig angebissen und wolle sich nun wieder losmachen. Es hängt an einer doppelten Schnur: an einem Stahlgleis und einem Asphaltband; doch das kam später: Mitte des neunzehnten Jahrhunderts wurden die Gleise verlegt, und in den 1930er Jahren folgte die Fahrbahn für die Autos. Wir bekamen nämlich Angst, Venedig könne es sich eines Tages anders überlegen und weiterziehen; und so haben wir es in der Lagune festgebunden, damit es nicht plötzlich den Anker lichtet und abhaut, und diesmal für immer. Den anderen sagen wir, es sei zum Schutze Venedigs geschehen, denn nach all den Jahren vor Anker hat es das Schwimmen verlernt: Es würde sofort gefangen werden, auf irgendeinem japanischen Walfangboot landen und in einem Aquarium in Disneyland gezeigt werden. In Wahrheit aber kommen wir nicht mehr ohne Venedig aus. Wir sind eifersüchtig. Auch despotisch und grausam, wie alle, die das Liebste bei sich behalten wollen. Wir haben noch Schlimmeres getan, als es ans Festland anzubinden: Wir haben es auf dem Grund festgenagelt.

In einem Roman von Bohumil Hrabal gibt es ein Kind, das von Nägeln besessen ist. Es schlägt sie nur in Fußböden ein: zu Hause, im Hotel, bei Gästen. Alle Parkettböden, die ihm unter die Finger geraten, werden von morgens bis abends behämmert. Als wolle das Kind die Häuser am Boden befestigen, um sich sicherer zu fühlen. Mit Venedig ist es genauso, nur sind die Nägel nicht aus Eisen, sondern aus Holz, und sie sind riesig, zwei bis zehn Meter lang und haben einen Durchmesser von zwanzig, dreißig Zentimetern. Sie wurden in den Schlamm auf dem Meeresboden gerammt.

Die Paläste, die du siehst, die reichverzierten Bauten aus Marmor und Kalkstein, die Backsteinhäuser, sie alle konnte man nicht auf Wasser errichten, sie wären im Schlick versunken. Wie Franco Mancuso dargelegt hat, sind in Venedig nicht die Außenmauern die tragenden Elemente, eben damit die Gebäude nicht an der weichen Uferböschung absinken; die legendären Fassaden der Palazzi am Canal Grande sind von Fenstern durchlöchert, um ihr Gewicht zu verringern: ihr anmutiges Aussehen ist die Folge einer architektonischen Notwendigkeit; die Ästhetik wird von der Bautechnik diktiert. Wie aber erbaut man ein solides Fundament auf Schlamm? Die Venezianer rammten eine riesige Menge Pfähle in den Boden. Unter der Basilica della Salute sind es Tausende; auch zu Füßen der Rialtobrücke, denn sie müssen dem Druck des steinernen Bogens standhalten. Die Basilica von San Marco ruht auf einem Gitter aus Eichenholz, das von einem Pfahlwerk aus Ulmen- und Erlenholz getragen wird. Die Stämme besorgte man sich in den Wäldern von Cadore, in den venetischen Alpen. Man brachte sie bis zur Lagune und ließ sie dazu auf den Flüssen treiben, auf dem Piave. Unter der Wasseroberfläche, im Schlick begraben, sind da Lärchen, Ulmen, Erlen, Eichen, Kiefern, Stieleichen. Die Serenissima war sehr umsichtig; immer hatte sie ein Auge auf den Baumbestand; äußerst strenge Gesetze schützten die Wälder.

Die Bäume wurden mit einer Art Holzblock, der nur mit Muskelkraft an Haltegriffen emporgezogen wurde, kopfüber in den Boden gerammt. Als Kind habe ich noch gesehen, wie diese altertümliche Vorrichtung funktionierte, habe die Lieder der Pfahlbauer gehört, die langsamen und gewichtigen Taktschläge jener in der Luft hängenden, zylinderförmigen Hämmer, die entweder von Hand angehoben oder auf einer vertikalen Schiene auf und ab glitten; sie fuhren langsam hinauf und sausten dann wie der Blitz herab. Dass die Stämme zu Mineralien wurden, bewirkte der Schlamm, der sie mit seiner Schutzschicht umgab und so verhinderte, dass sie beim Kontakt mit Sauerstoff verfaulten. Nach Jahrhunderten im luftleeren Raum hat sich das Holz beinahe in Stein verwandelt.

Du gehst also über einen unendlichen, umgedrehten Wald, spazierst über einen geradezu unglaublichen auf dem Kopf stehenden fossilen Forst. Es kommt einem vor wie die Erfindung eines mittelmäßigen Science-Fiction-Schriftstellers, aber es ist wahr.

Venedig ist ein urbaner Parcours der Sinneswahrnehmungen, ein *Sensodrom*. Dieses Buch dient als Ergänzung der Reiseführer. Normalerweise steht das kulturelle Erlebnis im Mittelpunkt eines Besuchs der Kunststädte: Wir besuchen sie, um ihre Bauwerke und Museen, ihre Architektur kennenzulernen, und begnügen uns damit, historisch-künstlerische Erkenntnisse zu shoppen. Das Gehirn speichert Nachrichten, vernachlässigt aber das, was mit dem Körper und damit auch der Seele geschieht. Geist und Körper wandeln auf zwei sehnsüchtelnd voneinander getrennten Bahnen. In diesem Buch führe ich sie zusammen. Ich beschreibe dir nun, was mit deinem Körper in Venedig passiert, und fange bei den Füßen an.

Füße

Venedig ist eine Schildkröte: Ihr steinerner Panzer besteht aus grauen Trachytblöcken (*maségni*, wie die Venezianer sagen), mit denen die Straßen gepflastert sind. Es ist ein poröses vulkanisches Gestein, das aus den Euganeischen Hügeln in der Nähe von Padua stammt. Die Kanten der Kanalufer und die Zierleisten der Treppenstufen sind aus weißem Stein aus den Steinbrüchen Istriens. Fast alles, was man in Venedig sieht, so hat Paolo Barbaro geschrieben, kommt von anderswo, wurde importiert oder erschwindelt, wenn nicht gar geraubt. Die Oberfläche, über die du gehst, ist glatt, auch wenn viele Steine mit einem kleinen Hammer gerädelt wurden, damit du bei Regen nicht ausrutschst.

Wohin gehst du denn? Wirf doch den Stadtplan weg. Warum willst du unbedingt wissen, wo du dich im Augenblick befindest? In allen Städten, in Einkaufszentren, an Autobus- oder U-Bahn-Haltestellen finden sich noch Hinweisschilder, die uns heute wie ein Relikt aus alten Zeiten vorkommen, wo doch alle das Telefon benutzen, um eine Adresse zu finden; dennoch gibt es hier noch Schilder mit einem farbigen Punkt darauf, einem Pfeil, die dich lautstark darauf aufmerksam machen: »Sie sind hier.« Du möchtest gern erwidern: »Weiß ich doch!«, und deinen Handybildschirm mit dem eingeschalteten Navigationssystem schwenken. In der Smartphone-Ära scheinen diese Schilder inzwischen eher den Orten selbst in Erinnerung zu rufen, wo sie sind: als ob die Häuser, Straßen und Plätze nicht mehr wüssten, wo sie sich befinden; sie sind inmitten ihrer Bewohner verschwunden, die wiederum in eine Parallelwelt umgezogen sind. Die Passanten laufen nur dem Anschein nach durch die Straßen; sie bewegen sich aber in ihren Köpfen fort, in dem weitverzweigten Netz, die Augen auf ihre leuchtenden Rechtecke gerichtet. Die Menschheit hat beschlossen, die Orte hinter sich zu lassen, und lebt jetzt in ihren eigenen Gedanken.

Auch in Venedig brauchst du die Augen nur ein wenig nach oben zu richten und wirst viele Schilder sehen, gemalt oder an einer Hauswand angebracht, mit Pfeilen, die dir sagen: Du musst hier lang gehen, lass dich nicht durcheinanderbringen, *Zum Bahnhof, Nach San Marco, Zur Accademia.* Lass sie links liegen, achte nicht darauf. Warum willst du gegen ein Labyrinth ankämpfen? Folge ihm doch einfach. Keine Sorge, die Gassen bestimmen deinen Weg, und nicht umgekehrt. Lerne, dich treiben zu lassen, umherzuschweifen. Lass dich in die Irre führen. Schlendere dahin.

Mach auch du »den Venezianer«. Nach dem Zweiten Weltkrieg spielte diese Redensart auf unsere Fußballmannschaft an, »den Venezianer machen«, »es wie Venedig machen«. Die Art, wie die Venezianer Fußball spielten, war nervtötend: egoistisch, immer den Fuß am Ball, viel Dribbling und wenige Pässe, kaum Spielübersicht. Kein Wunder: Die Fußballer waren ja in einem Gewirr aus schmalen Gassen, Sträßchen, Biegungen und Engstellen aufgewachsen. Um zur Schule zu gelangen, war der kürzeste Weg immer der durchs Wollknäuel. Und so sahen sie auch weiterhin Gassen und kleine Plätze vor sich, wenn sie in Trikots und kurzen Hosen den Rasen betraten, selbst auf einem völlig leeren Spielfeld, und versuchten, sich aus ihrer persönlichen Labyrinth-Halluzination zwischen Mittelfeld und Strafraum herauszuwinden.

Stell dir vor, du wärst ein rotes Blutkörperchen, das in den Venen dahintreibt: Folge dem Herzschlag, lass dich von diesem unsichtbaren Herzen voranpumpen, bis in die Haargefäße der Sträßchen hinein. Vielleicht bist du ja auch ein Bissen, der in den Eingeweiden transportiert wird: Die Speiseröhre einer engen Gasse drückt dir Backsteinwände entgegen, bis du beinahe zermalmt wirst, speit dich aus, lässt dich durch das Ventil einer Brücke entschlüpfen, die sich über das Wasser spannt, woraufhin du in einem geräumigen Magen landest, einem Platz, wo du nicht weitergehen kannst, ohne ein wenig ausgeruht zu haben; du musst stehenbleiben, weil die Fassade einer Kirche dich zwingt, sie anzuschauen, dich tief im Innern chemisch verwandelt und verdaut.

Die einzige Route, die ich dir empfehlen möchte, hat einen Namen. Sie heißt: *Zufall.* Untertitel: *Ohne Ziel.* Venedig ist klein, du darfst dich also ruhig verlaufen, denn weit kommst du sowieso nicht. Du gelangst immer an einen Rand, an ein Ufer, hast die Lagune vor dir. In diesem Labyrinth gab es bis vor wenigen Jahren keinen Minotaurus, kein Monster, das seinen Opfern auflauert, um sie zu verspeisen. Heute hingegen musst du aufpassen. Sieh dich vor, es gibt Taschendiebe, vor allem in der Umgebung der Piazza San Marco, an den überfüllten Bootsanlegestellen, auf den Vaporetti. Inzwischen gibt es Angriffe sowohl auf Touristen als auch auf Einwohner: als hätte sich Venedig, diese Mini-Metropole, vorgenommen, mit anderen Weltstädten gleichziehen zu müssen. Als ich aufs Gymnasium ging, kam eine amerikanische Freundin von mir zum ersten Mal in einer Winternacht nach Venedig. Sie fand ihr Hotel nicht und wanderte immer ängstlicher durch die verlassene Stadt, die Adresse ganz unnötig auf einem Zettel notiert. Je mehr Minuten vergingen, umso überzeugter war sie, gleich vergewaltigt zu werden. Sie konnte es nicht fassen, dass sie seit drei Stunden in einer fremden Stadt unterwegs war und noch niemand sie überfallen und ihr die Koffer zu klauen versucht hatte. Sie kam aus Los Angeles.

Heute terrorisieren jugendliche Banden die Passanten und schlagen mit Fäusten oder Flaschen auf sie ein, einfach so, zum Spaß. Es gibt auch den einen oder anderen Dieb, der in den versteckten Gassen Leute überfällt. Vor ein paar Monaten, als ich vor der Notaufnahme Schlange stand, lernte ich einen jungen

Israeli mit gebrochenem Unterarm kennen. Er hatte gerade das Hotel verlassen, um zum Flughafen zu gelangen, als er von einem Mann zu Boden gestoßen wurde, der ihm den Koffer aus der Hand riss und ihm dabei den Arm brach.

Am touristischen Fähr-Terminal am Tronchetto existiert ein widerrechtliches Transportsystem, das sich allmählich breitgemacht hat und nun einfach hingenommen wird. Ins Leben gerufen hat es eine Bande von Kriminellen, die in den Neunzigerjahren zerschlagen wurde; einige der Verurteilten haben ihre Strafe abgesessen und sind inzwischen wieder frei; sie haben das Geld aus den Raubzügen, das sie zur Seite schaffen konnten, für den Kauf von Booten verwendet, um Touristen nach San Marco zu bringen. Ihre Tarife liegen unter denen des öffentlichen Nahverkehrs, weil sie keine Steuern zahlen. Sie benutzen abgefeimte, auch illegale und gewalttätige Methoden, um die Leute abzufangen, die gerade ankommen. Eine spanische Touristenführerin haben sie zusammengeschlagen, weil sie sich weigerte, ihre Schützlinge in diese ungenehmigten Boote einsteigen zu lassen.

Auch in Murano gibt es sie; dort geben sie sich als von der Kommune autorisierte Angestellte aus. Sie tragen gefälschte Schildchen auf der Brust und Mützen mit der Aufschrift »Venezia«, überreden dich, die Glaswarengeschäfte ihrer Wahl zu besuchen, zulasten der anständigen Produzenten und Händler.

Das Geld fördert die übelsten Seiten des Menschen zutage. Vielleicht wurde es zu diesem Zweck erfunden. Eigentlich sollte es einen gegenteiligen Zweck erfüllen, nämlich alle zu besänftigen. Das italienische Wort »pagare«, bezahlen, stammt vom Lateinischen *pax, pacis*, »Friede«. »Pagare« bedeutet »pacare« – befrieden, den Frieden wiederherstellen. Jemandem Geld zu geben ist eine Art, Konflikte zu beschwichtigen und die Schieflage zwischen dem, der gibt, und dem, der empfängt, wieder auszugleichen. Der Umgang der Menschen miteinander ruft Schuld, Unrecht und Revanchegelüste hervor. Immer schwebt die mögliche

Fehde über den zwischenmenschlichen Beziehungen. Das Geld ist erdacht worden, um Racheakte und Vergeltungssucht auszuschalten, um Frieden zu schaffen und es anderen zu entgelten – stattdessen verursacht es noch blutigere Auseinandersetzungen.

Venedig will Geld von dir. Es versetzt dich in die Position des Schuldners, noch ehe du es darum gebeten hast, dir etwas zu verkaufen. Es erpresst dich mit seiner Schönheit, lässt sie sich von dir bezahlen, damit zwischen euch wieder Frieden herrscht, als schuldetest du ihm etwas, nur weil es eben da ist.

Die Eingänge zu den Geschäften, den Läden und Restaurants sind wie Poren, die dich einsaugen wollen. Du schlenderst so dahin, doch deine Füße werden zu einem Schaufenster umgeleitet: offensichtlich, um dir etwas zu verkaufen, in Wirklichkeit jedoch, um Venedig zu besänftigen, um dich zu versöhnen und dich für den Anblick, den es dir bietet, bezahlen zu lassen. Schönheit ist habgierig, sie erheischt Entschädigungen und Bußgelder. Zumindest ist das die Deutung der Venezianer ihres Gründungsmottos, das in Versalien in dem offenen Buch zwischen den Klauen des geflügelten Löwen steht: *Pax tibi Marce evangelista meus*. Die Legende fußt auf einer zwölf Jahrhunderte zurückliegenden Begebenheit. Zwei Kaufleute aus der Lagune, Bon da Malamocco und Rustego da Torcello, raubten die Leiche des heiligen Markus in Alexandria und brachten sie nach Venedig. Wie hatten sie das bewerkstelligt? Indem sie sie inmitten des Schweinefleischs versteckten, das für Muslime tabu ist. Bon und Rustego überquerten das Mittelmeer und fuhren dann die Adria hinauf: das Schiff mit der kostbaren Leiche beladen; die Seele von schweren Gewissensbissen belastet. Natürlich war es ein genialer Einfall gewesen, um die arabischen Zollkontrollen zu umgehen. Aber sie hatten den Leib eines Heiligen unterm Schweinefleisch vergraben. Und was für einen Heiligen: einen Evangelisten! »Haben wir ihm genügend Respekt erwiesen?«, fragten sie sich. »Ist er jetzt böse mit uns?« Als sie in der Lagune ankamen, sorgte ein Engel dafür, dass die Sache wieder ins Reine kam. Er erschien dem Heiligen und sagte: *Pax tibi, Marce.* Für gewöhnlich lautet die Übersetzung: »Friede sei mit dir, Markus.« Aber in den Ohren der Kaufleute klang es sicherlich wie »Keine Sorge, Markus: Ich vergelte es dir.«

Als ich noch Raucher war, bekam ich beim Anblick einer wunderschönen Landschaft immer Lust, mir eine Zigarette anzuzünden, während ich die Landschaft in Ruhe betrachtete. Ich wollte die Angst lindern, die mir die Schönheit einflößt, wollte das, was ich sah, physisch erfassen, auch mit dem Atem schauen, als würde ich beim Inhalieren meinem Körper eine kondensierte Version des Panoramas einverleiben, seinen Gegenwert in Gasform. Mir wurde bewusst, dass sich, seit ich nicht mehr rauche, diese Art, die Unruhe zu besänftigen, auf das Geld übertragen hat: Ich baue meine ästhetische Erregung ab, indem ich einen kleinen Einkauf tätige. Ich kaufe einen Bleistift, eine Zeitung. Ich erkaufe mir Erleichterung. Ich bezahle, befriede, besänftige.

Setze deinen Spaziergang fort, biege in verlassene Gassen ein, in denen es weder Geschäfte noch Espressobars gibt und in denen dir niemand etwas verkaufen will. Sie wurden für dich entworfen, damit du dich wie ein Teilchen fühlst, das von der Trägheit des Seins angetrieben wird. Streune in diesen zwischen die Häuser gezwängten Sträßchen herum. Du findest dich in architektonischen Schluchten wieder, Canyons aus ausgewaschenen Mauerziegeln, verkrustetem Putz, dunklen Fenstern. Das Licht dringt hier nur mit Mühe herein. Dort oben glitzern die Dächer, Balustraden und Fenster im hellen Sonnenlicht, doch nach unten zu werden die Schatten dichter und drängen sich zusammen. Wer wohnt in diesen düsteren Unterwelten? Wer hat sich entschieden hier zu leben, in diesen schlecht beleuchteten Erdgeschossen? Jede vermoderte kleine Tür ist der Zugang zu einer anderen Welt; ein widerwärtiger Schlund zieht dich hinab ins Vergessen, in den Verfall. Die Venezianer sind janusköpfige Wesen: halb Eremiten, halb Entertainer. Venedig ist ein abgezirkeltes Kloster mit den weltlichen Dingen zugetanen Mönchen, ein Bienenstock voll urbaner Einsiedler. Auf den Plätzen, den Campi und Campielli, treffen sie Gott und die Welt, auch unfreiwillig; die Stadt zwingt sie zur Geselligkeit, fordert Fröhlichkeit von ihnen. Der Kontakt mit anderen führt zu Verbrennungen; um diese zu heilen, ziehen sie sich zurück in ihre dunklen Höhlen, ihre feuchten Grabstätten.

Setze deinen Spaziergang fort. Versuch zu vergessen, so gut das geht. Venedig ist ein *Niemandsdrom*, ein Parcours, der erfunden wurde, damit jeder sich seiner Identität entledigen kann. Lass dich treiben. Wenn du dich nicht mehr auskennst, triffst du bestimmt einen Venezianer, der dir freundlich zeigen wird, wie du wieder zurückfindest. Wenn du überhaupt wieder zurückfinden willst.

Sichverirren ist der einzige Ort, den anzusteuern sich lohnt. Im Grunde kannst du, mit einer gewissen Vorsicht, überall hingehen, zu jeder Tages- und Nachtzeit. Es gibt keine verrufenen Viertel, oder zumindest nicht mehr.

Als Kinder hatten wir Angst, nach Santa Marta zu gehen, einer sehr belebten Gegend im *sestiere* Dorsoduro. In der Mittelschule lebten wir in ständiger Furcht vor einer legendenumwobenen Gestalt. Er wurde Jekyll genannt, war ein paar Jahre älter als wir und prügelte angeblich auf jeden ein, der ihm in einer verlassenen Gasse über den Weg lief. Ein Junge war sogar am Fuß des Ponte dell'Accademia ins Wasser gesprungen, um seinen Fausthieben zu entgehen. Auf dem Weg von der Schule mieden wir daher die versteckten Gässchen, auch wenn es bequeme Abkürzungen waren. Eines Tages hatten zwei meiner Klassenkameraden und ich allerdings zu großen Hunger und wollten unbedingt so rasch wie möglich an den heimischen Esstisch. Nach dem Rio San Trovaso blieben wir daher nicht auf den belebten Fondamente am Rio della Toletta, sondern schlugen uns durch die schmalen Seitengassen. Rate mal, wer uns da begegnete. Sobald er uns sah, blieb Jekyll stehen. Stell dir ein Duell in der Sonne vor, mit Revolvern, wie in einem Western; nur dass dieses Duell nicht auf einem Platz stattfand, sondern in einem schmalen Gang, zwischen den zwei Mauern, die ein schmales Sträßchen flankierten und keine Fluchtmöglichkeit boten. Es war unmöglich, ihn zu ignorieren und in der kaum einen Meter breiten Gasse einfach vorbeizugehen. Unter einem Vorwand sprach uns Jekyll auf Venezianisch an. Idiotischerweise antwortete ich darauf. Indessen zwängten sich meine beiden Kameraden rasch an ihm vorbei. Ich stand buchstäblich mit dem Rücken zur Wand vor ihm, in der irrsinnig schmalen Calle del Pistor. Er funkelte mich mit seinem Junge-aus-armem-Viertel-Grinsen an. In seinen Augen war ich ein typischer Vertreter der Oberschicht, der auf die Mittelschule ging, weil er eine Familie hatte, die sich um ihn kümmerte. Allein deshalb, so seine Logik, hatte ich eine Strafe verdient. »Schau, ich bin genau wie du«, versuchte ich es, »ich wohne in einer winzigen Wohnung, meine Eltern sind nur in die Grundschule gegangen …« Es war keine gute Idee, ihn mit einer soziologischen Analyse besänftigen zu wollen. Er holte aus, um mir einen Fausthieb ins Gesicht zu verpassen. Ich wich blitzartig aus. Er konnte sich nicht mehr bremsen: Anstatt mir das Nasenbein zu brechen, trafen seine Knöchel mit voller Wucht die Backsteinwand neben meinem Kopf. Ich flitzte davon, während Jekyll sich vor Schmerzen krümmte und dabei fluchte. Er hielt sich die Hand, das Grinsen hatte sich in eine schmerzverzerrte Grimasse verwandelt.

So wurde Venedigs Labyrinth mit seinen nur einen Meter breiten Gassen zur Ursache und zur Lösung, als ich einem der ersten Minotauren meines Lebens begegnete. Als zweigesichtige, scheinheilige, diplomatische Stadt hat Venedig für keinen von uns beiden Partei ergriffen. Erst hat es Jekyll ermöglicht, mich anzugreifen, und sich auf meine Kosten zu seinem Komplizen gemacht, dann hat es mich gerettet, indem es ihm Einhalt gebot und ihm die Faust durch die Gleichgültigkeit seiner Mauern zerschmetterte.

Während du weitergehst, solltest du dich mit den Bezeichnungen in Venedig vertraut machen; nenne sie nicht Viertel, sondern *sestiere*, Sechstel, denn es gibt sechs Viertel in der Altstadt: Sie bilden je ein Sechstel Venedigs, nicht ein Viertel; das Wort Viertel, *quartiere*, hat seinen Ursprung in den vier Häusergruppen jener Städte, die an der Kreuzung zweier wichtiger Handelsstraßen entstanden, in den vier von einem Straßenkreuz durchschnittenen Erdschollen. Venedigs *sestieri* heißen Santa Croce, Cannaregio, Dorsoduro, San Polo, San Marco, Castello. Die Hausnummern an den Türstöcken fangen nicht in jeder Gasse bei eins an, sondern werden im ganzen *sestiere* durchgezählt. Das *sestier de Castello* erreicht die Rekordziffer 6828, bei der Fondamenta Dandolo, zu Füßen des Ponte Rosso. Auf der anderen Brückenseite, am Ende der Calle delle Erbe, endet das *sestier de Canaregio* bei Nummer 6426. In Häusern mit so hohen Hausnummern zu wohnen hat sein Gutes; man fühlt sich dann nicht so schnell als etwas Besonderes.

Die Pflastersteine sind einer nach dem anderen in den Boden eingelassen, in langen, säuberlich getrennten Reihen. Sie geben die Richtung der Gassen vor, unterstreichen ihren Fluchtpunkt. Sie sind so lang wie der Schritt eines Kindes und müssen speziell für sie entworfen worden sein. Doch die Kinder machen sich einen Spaß daraus, darauf zu laufen, ohne je auf die Fugen zu treten. »Nicht von der Linie abweichen!«, sagte Salvador Dalí, als er das Kompositionsprinzip seiner Malerei erläuterte, die so reaktionär in der Form und so verrückt im Gehalt ihrer Vision ist. Kinder in Venedig gewöhnen sich daran, die Linie nicht zu überschreiten, die Umrisse der Formen zu respektieren: Zugleich lernen sie, deren Inhalt auf den Kopf zu stellen. Die Schrittlänge ihrer kleinen Beine passt sich der Länge des *maségno* an. Der Rhythmus des Körpers folgt dem des Pflasters. Das Innere rechnet mit dem Äußeren, lebt das Ungleichgewicht zwischen Spontaneität und Gesetz; es erlegt sich Selbstdisziplin auf und plant bereits die heimliche Revolte. Huldigen venezianische Füße dem

Status quo, um ihn dann auf visionäre Weise zu entstellen? Sieh nur, was für ein surreales Delirium, was für ein absurdes Traumgebilde wir da errichtet haben, indem wir eine Milliarde gleichförmiger, absolut rechtwinkliger Quader aneinandersetzten. Jeder *maségno* ist ein blindes Emblem, ein leeres Wappen: Keine heraldische Figur ziert es, nur eine graue Grundierung; es ist eine Schiefertafel ohne Schriftzeichen. Die einzige Zeichnung ist seine Umrandung. Es besteht aus Hintergrund, weil *seine Gestalt mit seinem Hintergrund in eins fällt*, mit seinen Außengrenzen. Weit mehr als der geflügelte Löwe ist der *maségno* das perfekte Wappen Venedigs, jene in ihr Profil eingelassene, in ihren Umriss gepresste, vom Wasser abgesonderte Stadt, ohne Möglichkeit, sich auszubreiten, sich selbst zu überwinden, verrückt geworden vor lauter Grübelei und Introspektion.

Carlo Goldoni ist der Meister dieses unerbittlichen Syndroms. Er schrieb Komödien, die bei genauerem Hinsehen *Essenzen verschiedener Orte* sind: Man nehme, schön nacheinander, einen Campiello oder eine Locanda mit einer Wirtin oder ein Kaffeehaus oder einen Spielsalon. Man presse diese Orte aus wie bei einer Spremuta, bis alle denkbaren sozialen Beziehungen durchgespielt sind, um den Saft all dessen, was da drin geschehen kann, zu gewinnen. Shakespeare unternimmt Streifzüge in die ganze Welt; in jeder seiner Komödien oder Tragödien stürzt er sich auf eine Geschichte und deren Verwicklungen: Die Schauplätze wechseln von Akt zu Akt, von Szene zu Szene; er ist der englische Eroberer, der den Globus für sich einnimmt. Goldoni ist der Venezianer, der sich auf seine Lagune beschränkt und einen einzigen Schauplatz genau betrachtet: Seine Komödien sind Versuche, die venezianischen Schauplätze erschöpfend zu beschreiben, sie begnügen sich mit dem, was vorhanden ist, und ziehen den größtmöglichen Gewinn daraus; die feine Ironie, die über seinen Stücken liegt, hilft dabei, einen von der Melancholie zu heilen.

Geschickt wurden die *maségni* einer neben den anderen gesetzt, ohne Bindemittel. Immer wieder werden Stimmen laut, die heutigen Gebräuche missachteten die althergebrachte Technik: Die Arbeiter kleben hastig mit Zement einen *maségno* an den anderen, außerdem imitieren sie, quasi zum Spaß, die Trennlinie zwischen den Steinen – die sogenannte *fuga* –, indem sie den noch frischen Zement einritzen. Du kommst an Baustellen vorbei, da wird das Pflaster aufgeschlitzt, damit eine Leitung ausgetauscht, ein Rohr der Wasserversorgung geschweißt oder eine Abwassergrube gereinigt werden kann; du siehst die auf einer Seite aufgehäuften *maségni* neben dem Erdloch: Sie sind massiv, schwer, zwanzig Zentimeter dick; die Arbeiter setzen sie wieder an ihren Platz, aber in einer anderen Reihenfolge als zuvor. Venedig ist immer gleich und doch immer anders, wie ein Stoß mit tausend Spielkarten, ein Domino mit tausend Steinen, die unablässig neu gemischt werden. Es ist ein Buch aus tausend Wörtern, die unendlich oft wieder neu kombiniert werden.

Tritt du ruhig auf die Fugen der *maségni*: Du wirst millimeterdünne Unebenheiten unter deinen Sohlen spüren, gesprungene Fugen, abgetretene Stellen, Löcher. Ein französischer Herr namens Marcel ist als kleiner Junge im Baptisterium von San Marco draufgetreten und hat sie für immer im Gedächtnis behalten.

Am einundzwanzigsten November, dem Fest der Madonna della Salute, musst du dich genau in die Mitte der achteckigen Kirche stellen, unter den bleiernen Leuchter, der viele Meter von der Kuppel herabhängt; du streifst, wie es Tradition ist, mit der Schuhsohle über die bronzene Tafel, die in den Boden eingelassen ist; berühre mit der Schuhspitze die Inschrift *unde origo inde salus* in der Metallplatte: Das Heil kommt vom Ursprung; der Ursprung ist die Erde, über sie zu wandeln bringt Glück, tut gut; Gesundheit pflanzt sich von den Füßen aufwärts fort.

Im Frühjahr, auf den Zattere, musste ich als kleiner Junge aufpassen, wo ich hintrat: Nachts ging dort so mancher Venezianer zum Fischen hin, lockte mit Lampen und Leuchten die verliebten Tintenfische an, fing sie mit einer Art großem Schmetterlingsnetz. Aus der Tiefe des Eimers spritzten die gefangenen Tiere mächtige Tintenstrahlen auf die Ufersteine, befleckten hinterrücks Schuhe und Hosen.

Ab und an begegnet dir ein Tourist, häufiger eine Touristin, die ihre Absätze satt hat; sie zieht sich die Schuhe aus und läuft barfuß: Ihre Fersen stechen noch deutlicher hervor auf den jahrhundertealten *maségni*, sie nehmen ihre Patina an, werden grau, färben sich wie das Pflaster. Eine seltsame Intimität stellt sich ein zwischen den Fersenbeinen und der Straße. Füßen und Steinen. Körper und Stadt. Das gibt es immer: ein Ungleichgewicht zwischen dem Leben und der Geschichte, zwischen den Passanten und den Sehenswürdigkeiten, zwischen dem, was geschieht, und dem, was bleibt, zwischen kreativem Gärungsprozess und Stasis. Nur dass hier auch die Stasis vergänglich ist. Venedig ist keine Ewige Stadt, früher oder später wird es einstürzen. Daher fühlen sich hier auch die Füße der Sterblichen ernstgenommen. Sie nehmen Kontakt zur verletzlichsten aller Städte auf, zu der Stadt, die dem Zerbröseln geweiht ist, biologisch abbaubar wie unsere Körper. Venedig ist ein Fisch, aber ein wasserlöslicher.

Doch auch mit Schuhen spürst du, wie sich deine Zehen an die Stufen der Brücken klammern, wie sie beim Hinaufsteigen an abgewetzten oder breitgetretenen Kanten Halt suchen; beim Hinuntergehen bremsen die Sohlen, halten sich die Fersen fest. Wenn du die Haut der Stadt erspüren willst, ihr sanftes Gekräusel, die winzigen Unebenheiten, die Faltenbildung, dann streichle sie mit leichtem Schuhwerk, mit weicher Sohle, weder Post-Punk-Stiefel noch Sportschuhe mit Schaumstoff-Einlagen. Ich schlage dir folgende spirituelle Übung vor: Werde zum Fuß.

Beine

Welch Mühsal: Die Häuser sind alt, nur ganz wenige haben einen Aufzug; in den Treppenhäusern war es zu eng dafür. Draußen stößt man alle hundert Meter auf eine Brücke: Das bedeutet mindestens dreißig Stufen hinauf und hinab. In Venedig gibt es weniger Herzkranke. Dafür viele Knochenbeschwerden, Rheuma, wegen der Feuchtigkeit.

Auch in den Gassen geht es auf und ab: Venedig ist niemals flach, überall ist es uneben, nichts als Rücken, Kuppen, Buckel, Senken, Vertiefungen, Grate. Die Gassen am Kanal neigen sich zum Wasser hinab, Schachtdeckel pflastern die Plätze, als wären es die Knöpfe, mit denen ein weicher Polstersessel abgesteppt ist.

Denk an die mittelalterlichen Städte, die du kennst. Normalerweise stehen die Häuser dicht beieinander, es wird wenig Platz verschwendet. Hier in Venedig trifft das noch in gesteigertem Maße zu: Eine historische Altstadt wurde gleichsam mit der Schere in Stücke geschnitten und aufs Wasser gesetzt. Jeder Quadratmeter ist kostbar. Das siehst du auch an den sogenannten *barbacani*, Vorsprüngen in Höhe des ersten Stockwerks, drei Meter über dem Boden, abgerundete Balken, die aus den Mauern ragen, um mehr Wohnfläche zu erzeugen, ohne dabei die Straßenbreite anzutasten.

Und doch widerspricht etwas dem Platzspardogma: Überall in der Stadt breiten sich größere und kleinere Plätze aus, auf denen die Kinder spielen und die Erwachsenen sich an die Tischchen der Bars setzen. Wie kommt das? Sind die Venezianer so ungemein sozial eingestellt, dass sie auf einen Großteil ihrer ohnehin knapp bemessenen Wohnfläche verzichten, um das Leben mit anderen teilen zu können? Das könnte man nach der Lektüre von Carlo Goldonis Komödie *Il campiello* meinen. Die typische venezianische Piazzetta ist nicht nur ein Platz, sondern ein System menschlicher Beziehungen: Die Leute kommen und gehen, bleiben für ein Schwätzchen stehen und plaudern mit denjenigen, die sich aus dem Fenster beugen, kommen runter auf die Straße und spielen zusammen. Jede dieser Freiflächen scheint das Leben in der Gemeinschaft fördern zu wollen, das gegenseitige Kennenlernen und Miteinander-Reden. Doch dem ist nicht so. Die Campi und Campielli dienten der Wasserversorgung. Sie ermöglichten den Einwohnern, ihren Durst zu stillen. Venedig hatte weder Aquädukte noch Quellen. Das Paradoxon einer Stadt, die von Wasser umgeben ist, im Wasser liegt und doch kein Wasser zum Überleben hat. Wie aber kam man an Trinkwasser ran?

Auf unterschiedlichen Wegen. Erstens: Man grub ein großes Loch in den Boden, mit einem Durchmesser von etwa zehn Metern. Innen wurde es mit Ton ausgekleidet, damit kein Wasser entweichen oder eindringen konnte. Es wurde mit Sand gefüllt, als Reinigungsfilter. An den vier Ecken eines großen Quadrats wurden vier kleine Brunnen aus Ziegelsteinen eingelassen, die mit einem Gullydeckel versehen wurden. Alles wurde mit der üblichen Pflasterschicht bedeckt. In der Mitte befand sich der eigentliche Brunnen. Zum Trinken, Kochen und zur Körperhygiene wurde also gefiltertes Regenwasser benutzt; die Brunnen waren im Grunde Zisternen, in denen sich das Wasser sammelte und gereinigt wurde. Die Dächer der umliegenden Häuser fungierten als Trichter im Freien: Das Regenwasser floss durch Dachrinnen und ergoss sich aufs Pflaster, wurde von den vier kleinen Brunnen aufgenommen, sickerte durch den Sand nach unten, wurde also geklärt und dann zur Mitte hin gesogen; nichts ging verloren, weil es in dem großen Tonbecken gefangen war, das auch dazu diente, verunreinigtes Wasser aus den umliegenden Bodenschichten fernzuhalten. Es landete schließlich unten in dem zentralen Brunnen. So konnte jeder Bewohner mit gut zehn Litern Wasser pro Tag rechnen. Wir haben heute dreißigmal mehr für den täglichen Gebrauch zur Verfügung. Es gab sechstausend Brunnen in der Stadt: Heute sind sie geschlossen, doch wenn es stimmt, dass Wasser zum Gold des 21. Jahrhunderts wird, kehrt man vielleicht wieder zum alten System zurück und benutzt sie wieder.

Zweite Art und Weise: Man holte sich Wasser in der *terraferma*, auf dem Festland, aus einem Seitenkanal der Brenta. In sogenannten *burci*, Transportschiffen für Zisternenwasser, transportierten *acquaroli*, Wasserträger, es nach Venedig und verkauften es dort, worauf es auf die Brunnen verteilt wurde.

»Wer außerhalb Venedigs könnte begreifen, dass Wasser ein derart kostbares Gut ist, dass es gekauft wird, und dass diejenigen, die es nicht besitzen, bei anderen, die glücklicherweise welches haben, betteln gehen?« Dies schrieb Carlo Goldoni im Vorwort zur Komödie *Le massere* (»Die Hausfrauen«). In einer der ersten Szenen dreht Zanetta eine Runde durchs Viertel, um ein wenig Wasser von den anderen Hausfrauen zu erbitten, denn seit drei Tagen hat sie nur eine knappe Reserve im Haus, und um Hefeteig zuzubereiten, hat sie am Vorabend den Brunnen ausgeschöpft.

Die Wände der oberirdischen Brunnenaufbauten heißen *vere*: Dieses Wort, *la vera*, benutzt man auch für den Ehering. Das Wasser wird geheiratet, man verbindet sich ihm für immer. Die Brunnenwände haben unterschiedliche Formen: zylindrisch, würfelförmig, achteckig. Einige ähneln riesigen Kapitellen, so als bildeten sie den Abschluss einer unsichtbaren hohlen Säule, die tief im Boden steckt. Auf den *vere* sind ab und zu Reliefs angebracht, die Amphoren darstellen – ein Hinweis, dass der Brunnen über öffentlich zugängliches Trinkwasser verfügt. Inzwischen hat sich Venedig ein Aquädukt genehmigt, doch die Plätze sind weiterhin abschüssig. Du merkst es, wenn du darüberläufst:

Sie dienten dazu, das Wasser zu den Kanaldeckeln zu leiten. Stell dir beim Gehen vor, auch du seist Regen, der im Rinnsal dahinplätschert; lerne zu strömen, zu fließen.

Während ich in Zürich auf der luxuriösen Bahnhofstraße flanierte, sagte ein Freund zu mir: »Du spazierst über das teuerste Pflaster der Welt: Hier drunter liegen die Tresore der Schweizer Banken.« Wenn du einen venezianischen Campo mit einem Brunnen in der Mitte überquerst, liegt unter dir eine alte Zisterne voller Sand, mit ihrem geheimen Mechanismus zur Reinigung der kostbarsten Sache der Welt: des Wassers.

Die Basilika von San Marco ist in Wirklichkeit dem Gott des Regens geweiht. Ihre Kuppeln sind umgedrehte Zisternen, die sich dem Himmel öffnen. Es sind keine Originale. Architekturhistorikern zufolge wurden sie ein paar Jahrzehnte nach der Fertigstellung des ursprünglichen Baus hinzugefügt, aus ästhetischen Gründen, um von außen gesehen zu werden; sie ruhen auf den tatsächlichen Kuppeln, die viel flacher sind, sich beinahe ducken. Was du also von außen siehst, ist eine Kulisse, die erschaffen wurde, um den Anblick der Kirche leichter wirken zu lassen: Mit diesen hellen Kugeln scheint die Basilika sich aufzublasen, zu schweben, ist filigraner, leichtgewichtiger. »Die weißen Kuppeln sahen im ersten Morgenlicht aus wie Körbe aus Schaum, die aus dem Meer auftauchten«, schreibt John Ruskin. Du magst sie als rein dekorativ empfinden, doch sie sind ganz wesentlich. Ihre Funktion ist dieselbe wie die der Zisternen, die rund um die Brunnen in den Boden eingelassen sind: Sie dienen als Filter. Es sind Apparate zur Entgiftung, spirituelle Siebe: Sie fangen die Gebete auf, bevor sie zum Himmel steigen, filtern sie, um sie reiner werden zu lassen. Die Klagen und inständigen Bitten, all die Trübsal, flehentlichen Wünsche und Sehnsüchte der Menschen, sie werden gereinigt, während sie sich ihren Weg durch die Kuppeln bahnen. Unsere allzu irdischen Worte werden so Gottes würdig: Sie müssen wieder durchsichtig werden, wie körperloser Regen, der zu seiner himmlischen Quelle zurückfindet.

Ich weiß nicht, ob die Geschichte wahr ist, die ich dir gleich erzählen werde; ich gebe sie so wieder, wie sie mir erzählt wurde. Zähle die Säulen des Dogenpalastes, auf der Seite zum Wasser, zum Bacino di San Marco hin, gegenüber der Isola di San Giorgio. Beginne an der Ecke und zähle bis zur vierten Säule. Du wirst feststellen, dass sie leicht aus der geraden Linie der anderen hervortritt, sie steht wenige Zentimeter weit heraus. Wenn du dich mit dem Rücken daran lehnst und versuchst, an ihr entlangzustreifen, an der Außenseite des Säulengangs, wirst du unweigerlich von der winzigen Marmorstufe fallen, die sich über den grauen Steinplatten am Ufer erhebt. Sooft du es auch versuchst, immer wieder wirst du aus dem Gleichgewicht geraten und von der Stufe herunterfallen, auch wenn du dich an die Säule drückst oder ein Bein ausstreckst, um dich über den Rand zu schwingen und den kritischen Punkt zu überwinden. Als Kind habe ich es immer versucht, es war weit mehr als Herausforderung oder Spiel: Ich empfand wirklichen Schauder dabei. Man hatte mir gesagt, die zum Tode Verurteilten bekämen diese letzte Chance, eine Art Gottesgericht für Gleichgewichtskünstler, ein himmlisches Urteil für Akrobaten. Sollte es ihnen gelingen, an der Säule vorbeizustreifen, ohne den Fuß auf die grauen Platten zu setzen, würden sie im letzten Moment begnadigt. Eine grausame Illusion, die man die *Folter der Hoffnung* nennen könnte, wie die boshafte Erzählung eines französischen Schriftstellers aus dem 19. Jahrhundert. Mir gefällt die Vorstellung des nur wenige Zentimeter tiefen Todes anstelle des üblichen Abgrunds: Das ist kein schwülstiges Bild und viel furchterregender. Vielleicht geht Sterben ja wirklich so: Nur zu, die Stufe ist ganz flach, man stürzt keineswegs in einen Abgrund, das sind ja nur drei Zentimeter, ein kleiner Ruck genügt schon, niemand bedrängt dich, los, ein bisschen balancieren, es ist ganz leicht …

Dieses Kapitel ist also nicht nur den Beinen, sondern auch dem Labyrinth gewidmet – vielmehr den beiden Labyrinthen des Körpers, die tief im Ohr versteckt liegen und denen du den Gleichgewichtssinn verdankst.

Wenn du auf den Vaporetto (*batèo*, Boot) wartest, stelle dich auf die schwimmenden Anlegestellen *(imbarcadèri)*: Der Vaporetto nähert sich, versetzt dir urplötzlich einen Stoß, so als hätte dich unversehens jemand geschubst.

Steig ein und bleibe auch auf dem Schiff stehen, draußen unter dem Vordach. Mit den Beinen spürst du das Zittern des Motors, der deine Waden zum Vibrieren bringt, das Schlingern, das dich zwingt, ständig dein Körpergewicht von einem Bein aufs andere zu verlagern, den Einsatz von Muskeln fordert, von deren Existenz du gar nichts wusstest.

Vor ein paar Jahrhunderten, am Giovedì Grasso, dem Karnevalsdonnerstag, wetteiferten zwei gegnerische Mannschaften, die Castellani und die Nicolotti, in verschiedenen Spielen miteinander. Eines davon hieß »Le Forze d'Ercole«, die herkulischen Kräfte: Fünfzig Männer bildeten eine menschliche Pyramide. Nicht etwa auf dem Boden stehend, nein, sie errichteten ihre Pyramide aus Fleisch und Blut auf zwei am Ufer festgezurrten Lastkähnen. Das perfekte Symbol für das Extraquäntchen Herausforderung und Tapferkeit, die das Leben in Venedig mit sich bringt.

Bleib bitte auch in der Gondel aufrecht stehen. In diesem Fall spreche ich nur von den Gondeln zum Übersetzen. Es gibt sie an verschiedenen Stellen des Canal Grande. Für den Preis eines *caffè* bringt man dich von einem Ufer zum andern, und zwar an den Stellen, die mehr oder weniger gleich weit von den vier großen Brücken über den Kanal entfernt sind. Es ist kein Service für Touristen: Mit der Gondel setzen normalerweise vor allem die Venezianer über, um Zeit zu sparen. Diese Gondeln sind ein wenig breiter als jene für die Touristen. Sie könnten etwa zwanzig Personen befördern, dazu noch zwei Gondolieri, einen am

Heck, einen am Bug; doch aus Sicherheitsgründen sind höchstens zwölf Passagiere gestattet.

Die Preise der Gondelfahrten für Touristen hängen an den Haltestellen aus. Sie scheinen teuer zu sein, doch würdest du mehr oder weniger dasselbe ausgeben, wenn du dich zur Stoßzeit in einer beliebigen Großstadt der Welt im Taxi chauffieren ließest. Hier hast du einen Ruderer, der seine Muskelkraft einsetzt, keinen Motor. Die Gondolieri sind gut gelaunt, und während sie dich befördern, geben sie dir, wenn du sie darum bittest, Auskunft über die Stadt, die sie besser kennen als irgendjemand sonst, sie lenken dein Augenmerk auf Details, die dir von selbst nicht auffallen würden. Es gibt keine geeignetere Methode, um Venedig zu betrachten und zu begreifen, als vom Wasser aus. Daher empfiehlt dir dieses Kapitel, das den Beinen gewidmet ist, diese nun ein wenig ausruhen zu lassen und dich in eine Gondel zu setzen. Schau sie dir von unten an, die Fassaden und Brücken, die Passanten, die an dir vorüberziehen, während sie über die Fondamente spazieren, vergiss aber auch die anderen Bewohner Venedigs nicht, die sich ans Ufer klammern: Es gibt da jene grüne Patina, die die ins Wasser getauchten Ziegelsteine bedeckt; zwischen diesen schleimigen Algen wimmeln lauter verrückte Wesen. Sieh nur: Sie flitzen davon, als die Gondel vorbeigleitet, sie sausen über den Algenteppich, suchen nach einem Versteck, das es nicht gibt, die sogenannten *ligie*, winzige graue Krustentierchen; sie ähneln den Asseln, die man in Zier- und Nutzgärten findet. Wenn ich sie ziellos durch diese faulige vertikale Prärie hasten sehe, ergreifen mich Ekel und Abscheu: Wie muss ihre Existenz beschaffen sein! Sie wohnen zu Füßen fantastischer Paläste wie noble Herrschaften, aber sie leben ständig auf dem Präsentierteller, wie erstarrt. In Venedig zu leben ist ein Luxus, den sie mit immerwährender Angst bezahlen.

An die Ufermauern krallen sich Seepocken, röhrenförmige Mollusken mit scharfkantigen Rändern. Sie zerstören die Flanken der Boote, zerkratzen sie wie Autokarosserien. Die Venezianer nennen sie *denti de can*, Hundezähne. Venedig ist feindlich, stets bereit zuzubeißen; seine Gebäude haben gefährliche Hauer, die dich von ihnen fernhalten.

Wenn du eine Fahrt mit dem Motorboot machst, informiere dich, bevor du an Bord gehst: Erkundige dich, ob es Einzel- oder Gruppenpreise sind. In der Vergangenheit wurde ich Zeuge unerquicklicher Diskussionen von Touristen, die beim Aussteigen glaubten, nun müssten sie, sagen wir, zehn Dukaten zahlen, und dann wurden ihnen plötzlich vierzig abverlangt, weil sie die Gattin und ihre Kinder dabeihatten. Jedenfalls bringen dich die öffentlichen Verkehrsmittel, sowohl die Vaporetti als auch die etwas größeren Schiffe, praktisch überallhin, und du musst nicht mehr bezahlen als den Gegenwert von ein paar Bieren oder zweier Zeitschriften. Fahre mit dem Vaporetto den Canal Grande entlang und um die Stadt herum: an der Giudecca, San Giorgio vorbei, über San Clemente und San Lazzaro degli Armeni Richtung Lido und dann zur Friedhofsinsel San Michele. Vergiss auch die Fahrten über die Lagune nicht; dazu musst du an den Fondamente Nove ein etwas größeres Schiff besteigen, und dann entdeckst du ein paralleles, gegensätzliches, ein Para-, ein Anti-Venedig. Fahre nach Murano, wohin vor sieben Jahrhunderten die Glasbläsermeister verbannt wurden, weil ihre Öfen zu häufig Brände verursachten. Schau dir an, wie sie arbeiten, es sind wahre Jazzer der Skulptur: Sie improvisieren Formen und Figuren, als würden sie Melodien aus der rotglühenden Masse hervorbringen; einen Pferdekopf, eine gestreifte Karaffe, einen Briefbeschwerer. Dann ist da das psychedelische Burano, mit den poppigen Wandfarben, wie das Cover einer LP aus den Sechzigern; le Vignole, Mazzorbo, Torcello; Punta Sabbioni, San Francesco del Deserto, Cavallino, Jesolo; Pellestrina, Chioggia und Sottomarina.

Ich empfehle dir insbesondere eine Bootsfahrt: weniger aus geografischen denn aus historischen Gründen. Fahre bis Torcello quer über die Lagune, steuere dann das Festland an. Lege einen Zwischenstopp in Altino ein, vielleicht besuchst du dort das neue Archäologische Museum. Das ist, als würdest du zu einer der Keimzellen der Stadt zurückkehren. In römischer Zeit lebten in der Lagune Fischer und nicht wenige Menschen, die mit der Produktion einer der kostbarsten Waren betraut waren: Salz. Und es gab alles, was dazugehörte: Lagerhäuser, Ladeflächen, Molen, Handwerker, die die notwendigen Gerätschaften lieferten. Die Inseln gehörten dem römischen Staat, der sie als Prämie zum Ende der Berufslaufbahn den Heeresoffizieren überließ, die sie wirtschaftlich ausbeuteten. Wichtigstes Zentrum war damals Altino. Wenn du vor zweitausend Jahren Spaß haben wolltest, wäre Baia in der Nähe von Neapel die erste Wahl gewesen, aber wenn du im Norden wohntest, konntest du dich auch in Altino gut amüsieren. Sein Handelshafen hatte die Stadt reich gemacht und sie mit Villen verziert, die auf die Lagune zeigten. Viele Jahrhunderte später zog es die Serenissima Repubblica vor, den Lauf der Geschichte so darzustellen, dass es die Hunnen gewesen seien, die Altino zerstört und so die Flucht der Bewohner und die Gründung Venedigs verursacht hätten. Wie stets ist die Wirklichkeit weniger glanzvoll als die staatliche Propaganda: Der Hafen von Altino wurde aufgegeben, weil er zunehmend versandete und Gefahr lief, sich in einen Sumpf zu verwandeln. Am Anfang der Geschichte Venedigs steht also stinkender Schlamm. Das erinnert mich an den Beginn einer der schönsten Erzählungen der Literatur überhaupt, geschrieben hat sie Primo Levi: Nach der Sintflut bedeckte eine Schicht fauliger Morast die Erde; in diesem warmen Urschlamm kreuzten sich alle Spezies und brachten hybride Formen hervor, wundersame Monster: Zentauren, Drachen, Harpyien, Minotauren, Chimären, Venezianer. Unsere Vorfahren aus Altino verließen also ihren vom Schlick bedrohten Hafen und übersiedelten nach Torcello, die nächstgelegene Insel. Sie errichteten großzügige Häuser aus Holz, von denen außer den steinernen Fundamenten nichts mehr übrig ist. Man rechnet, dass in Torcello damals dreitausend Menschen lebten (heute sind es noch ein gutes Dutzend). In der Zwischenzeit ereignete sich weiter südlich Folgendes: Andere Bewohner und Feudaladelige siedelten sich auf den Inseln des Rialto an. Sie kamen aus Metamauco, einer weiter östlich gelegenen alten Insel im Mündungsdelta der Brenta. Sie dachten sehr wirtschaftlich und investierten die Gewinne aus ihren Besitzungen in den Bau von Handelsschiffen. Die Lage in der Lagune war also heterogen: Es gab mehrere Zentren, von unterschiedlicher Identität und wirtschaftlicher Situation.

Die venezianische Lagune ist circa 50 Kilometer lang und etwa 13 Kilometer breit. Sie ist das größte Feuchtgebiet des Mittelmeergebiets. Ein überaus wichtiges Ökosystem. Zahlreiche spezielle Arten von Fischen, Amphibien und Vögeln gibt es hier. Letztere sind schon aufgrund ihrer sprechenden Namen etwas Besonderes: Haubentaucher, Säger, Sterntaucher, Schellente, Zwergtaucher. Es macht Freude, sie beim Namen zu nennen: Säbelschnäbler, Großer Brachvogel, Uferschnepfe, Flussuferläufer, Kiebitzregenpfeifer, Seidenreiher, Reiherente, Brandseeschwalbe, Schilfrohrsänger. Der Biodiversität entspricht die linguistische Varianz.

Es sind verliebte Vögel darunter, die hierherkommen, um gemeinsam Nachwuchs aufzuziehen, andere bleiben für immer hier. Stockenten, Teichrohrsänger, Rohrdommel, Blässhuhn, Rohrweihe, Teichralle, Wasserralle … Und Flamingos. Auch in den Kanälen der Stadt sieht man kleine Kormorane, die sich ins Wasser stürzen, unter der Oberfläche verschwinden und zwanzig Meter weiter wieder auftauchen. In den letzten Jahren wurden große Kraken gesichtet, ja sogar eine Robbe. Ohne es zu bemerken, transportieren die Touristenboote und Handelsschiffe fremde Pflanzen und Tiere; diese Algen, Fische und Mollusken sind oft größer und aggressiver als die heimischen Arten, sie vermehren sich schnell und spielen sich als die Bosse auf. Naturforscher schätzen, dass inzwischen die Hälfte der Lebewesen in der Lagune aus fernen Gebieten stammt. Dem WWF zufolge sind zudem in den letzten fünfzig Jahren zwei Drittel der Wildfauna von diesem Planeten verschwunden. Die Lagune beherbergt die Vergangenheit und die Zukunft der Biologie: ein Rastplatz für Schwärme von Zugvögeln, die aus dem Gedächtnis dorthin finden, aber auch ein fantastisches Labor, in dem mutierte stinkende Algen patentiert werden, deren genetischer Code von den Industrieabwässern völlig verändert wurde.

2013 hat Claudio Ambrosini den Algen in der Lagune eine bezaubernde »Kleine Unterwasser-Anthologie für Klarinette, Viola und Schlagzeug« gewidmet.

Auf den flachen, unbewohnten Inseln, den *baréne*, wachsen amphibische Pflanzen in permanenter Identitätskrise: »Bin ich eine Meerespflanze oder eine Landalge?«, fragen sie sich. In diesem salzigen Ambiente überleben der Queller *(salicornia)*, der schon Goethe interessierte, das Spartgras, der Strandflieder; die Bienen in der Lagune, die ihre Pollen verarbeiten, produzieren einen speziellen Honig mit einem leicht salzigen Nachgeschmack.

Wie Roberto Ferrucci schrieb, ist »Venedig ganz Lagune«. Man kann diese Stadt nicht begreifen und beschützen, wenn man nicht auch ihr Umland kennt.

Doch was ist eine Lagune? Ein Becken – *bacino* – mit recht niedrigem Wasserstand, das sich *jenseits* des Meeres befindet. Das sei betont. Venedig liegt nicht »an der Küste«. Mein Leben lang habe ich Touristen auf das Wasser vor San Marco zeigen sehen, oder vor der Giudecca oder an den Fondamente Nove, und es »Meer« nennen hören. Falsch. Das ist nicht das Meer. Es ist die Lagune. Das ist etwas völlig anderes! Zwei Inseln in Grissini-Form, lang und schmal, trennen sie vom Meer: der Lido und Pellestrina. Zwischen der Lagune und dem Meer gibt es drei Einfallstore, die Hafenmäuler *(bocche di porto)*, durch die das

Meer hereinströmt und wieder hinausfließt, wodurch das Wasser gereinigt wird: Dies erlaubte den Venezianern den Verzicht auf eine Kanalisation. Heute werden die Abwässer unterschiedlich abgeleitet, in der Stadt gibt es Tausende von Klärgruben, und die Kanäle in der Stadt müssen regelmäßig ausgebaggert werden. In der Vergangenheit sorgten vorwiegend die Gezeiten für die Spülung, sie zogen an der Kette der Klospülung der Venezianer. Jedenfalls würde eine Barrikade dieser natürlichen Einfallstore dazu führen, dass die Lagune sich in einen stinkenden Sumpf verwandelt. Risse man sie zu sehr auf, indem man sie verbreiterte und noch weiter ausschachtete, um immer größeren Schiffen Einfahrt zu gewähren, verwandelte sich die Lagune in eine Meeresbucht; Venedig, Murano, Burano und die anderen Inseln würden dann versinken und fortgeschwemmt.

Die Lagune von Venedig ist ein aufgerichtetes Kopfkissen vor der Bettdecke der Adria; wie eine Mauerkante, eine Trittstufe, die sich in jüngeren geologischen Epochen an der Sonne verhärtet hat, bevor das Wasser eindrang. Die mittlere Tiefe ist bescheiden, etwa anderthalb Meter. 2007 durchschritt der Künstler Giorgio Andreotto Calò im Rahmen seiner Kunstaktion *Laguna Sud* einen Teil zu Fuß, die Beine bis zu den Waden im Wasser; er verkörperte die amphibische Natur der Venezianer. Doch es gibt unsichtbare, unter Wasser verborgene Kanäle: Viele sind natürlichen Ursprungs, wurden von den Strömungen ausgehöhlt; andere wurden von Menschenhand gegraben, um die größeren Schiffe nicht stranden zu lassen, zur Zeit der industriellen Blütezeit Margheras, als die Öltanker mitten durch die Stadt an der Piazza San Marco vorbeifuhren; in unserer Zeit tun dies die Kreuzfahrtschiffe.

Die Lagune ist eine natürliche Befestigung. Vergleiche Venedig mit anderen antiken und mittelalterlichen Städten Italiens: Gewaltige Stadtmauern und Bastionen beschützten sie. Venedigs Mauern, das war die Lagune.

In alten Zeiten baute man hier zwei besondere Früchte an: Salz und Fische. Die Salinen waren ein einträgliches Geschäft, und den Fisch fing man dank bestimmter Techniken, ohne aufs offene Meer hinausfahren zu müssen. Im Frühjahr und im Herbst schwimmen die vor Kurzem geborenen Fische in diese Gewässer, wo sie vor Räubern geschützt sind und es nicht an Nahrung fehlt. Einige Arten überwintern in der Lagune. Die Fischer errichten Umzäunungen im Niedrigwasser, im Schutz der landseitigen Lagunenküste. Sie »säen« dort die Fischbrut aus, ebenso wie die Jungfische, die sie in der Lagune gefangen haben, und ziehen sie auf. Das scheint leicht zu sein, doch es erfordert Geduld, Geschick, Ausschachtungen und eine reichlich komplexe Infrastruktur: Deiche, Fischteiche, Verbindungskanäle *(colaùri)*, Bootshütten *(cavane)*, Fischerhütten *(casòni)*, Fangstationen *(lavorieri)*, Schleusen, Altane ... Dieses System heißt mit Oberbegriff *valle*, was nichts anderes bedeutet als Lagune. Und »vogare alla vallesana«, auf Lagunenart rudern, besteht darin, sich mit zwei wie ein X übereinandergelegten Rudern voranzuschieben, während man in der Mitte des Bootes steht. Ein Lagunen-Ruderer ist der Inbegriff der Gelassenheit: Sein Boot treibt in niedrigem Gewässer dahin, über die wässrigen Niederungen der Welt, unter einem endlosen Himmel; seine ruhige Gestik verleiht dem Raum den Rhythmus, rhythmisiert die Zeit. Mit diesem Bild vor Augen findest du in den Schlaf, besser als beim Schäfchenzählen.

Ruggero ist ein alter Freund unserer Familie. Inzwischen ist er achtzig; als Kind stieg er direkt vor unserem Haus zusammen mit seinen Freunden in die am Ufer vor Anker liegenden Gondeln. Sie beugten sich mit einem Netz vor und fischten Taschenkrebse und *anguèle* (Ährenfische) fürs Mittagessen. Er suchte auch das sumpfige Gebiet auf, wo sich heute die künstliche Insel des Tronchetto erhebt. Zwischen ausgetrockneten Stellen lag ein feuchter Abschnitt. Wem es gelang, die Löcher im Schlick zu erspähen, der steckte einen Finger hinein und zog einen *gò*, einen

Grundelfisch, heraus: ein Arme-Leute-Fisch, der aber der Brühe fürs Risotto einen guten Geschmack verleiht. Der kleine Ruggero stellte sich nicht besonders geschickt an, und um zu Hause nicht als Versager dazustehen, ging er zum Markt am Rialto und kaufte ein paar hundert Gramm, die er dann behauptete, selbst gefangen zu haben.

Venedig war eine Oligarchie. Die Dogen wurden von ihnen gleichrangigen Aristokraten gewählt. Jedes Jahr schenkte der Doge den adeligen Familien in der Lagune gejagte Enten. Ein aufwändiges Geschenk, das er irgendwann wohl wegen der Kriege nicht mehr machen konnte, vielleicht auch wegen des Rückgangs der Bestände. Die Enten wurden durch Münzen ersetzt, die *oselle (uccelli)* hießen, Vögel. Noch heute trägt einer der Preise bei den Filmfestspielen den Namen »Osella«. Den Reichtum der Tierarten in der Lagune kann man auf den Gemälden des 18. Jahrhunderts erahnen, insbesondere auf denen von Pietro Longhi. Die Edelmänner ließen sich auf die Lagune hinausrudern, sie standen am Bug, bewehrt mit einem Bogen ohne Pfeile: Sie benutzten Kugeln aus Terracotta, mussten aber darauf achten, sich damit nicht lächerlich zu machen und die Hand zu verletzen, die den Bogen hielt. Eine andere Art zu jagen war die *caccia in botte*. Im Schlamm der *baréne*, der Sandbänke, wurde ein Bottich aus Lärchenholz vergraben. Dessen getarnter Rand ragte kaum aus dem Boden hervor und übers Wasser hinaus. Man fuhr nachts hinaus und erreichte den Bottich vor dem Morgengrauen mit dem Boot. Dann legte man sich in dem zylinderförmigen Behälter auf die Lauer, um im frühen Morgenrot auf Vögel zu schießen, die man mithilfe von schwimmenden Attrappen und lebenden Lockvögeln, für gewöhnlich Enten, überlistete. Die Jagd im Bottich wird noch heute praktiziert, der Behälter ist heute aus Stahlbeton.

Früher war es ganz normal, sich per Boot fortzubewegen. Bis vor achtzig Jahren gab es fast keine Brücken, man benutzte mobile Stege. *Tòpe, sàndoli, mascaréte, s'ciopóni, peàte, puparini, caorline, sampieròte*: Jeder Bootstyp hat seinen eigenen Namen, seine eigene Form, seine besonderen Eigenschaften. Das Problem heute besteht nicht darin, sich ein Boot zu besorgen – sie kosten weniger als ein Auto –, sondern darin, einen permanenten Ankerplatz zu finden. Die Plätze sind namentlich gekennzeichnet und in einem kommunalen Register aufgelistet. Parken in zweiter Reihe in den engen Kanälen, den *rii,* ist nur kurzzeitig möglich, um die riesigen Mengen an Lebensmitteln, Getränken und Wäsche auszuladen, die in den Bars, Restaurants und Hotels benötigt werden, oder die zur Renovierung der Gebäude nötigen Materialien und Geräte.

Venedig ist eine Stadt der Individualisten, die zum Zusammenleben gezwungen sind. Die räumliche Enge verpflichtet zur Nachbarschaft; logische Folge davon ist die bewusste Abgrenzung: Viele Häuser haben einen eigenen Eingang zur Straße, und sei er noch so klein, Hauptsache, er unterscheidet sich deutlich von demjenigen nebenan. In den Gebäuden winden sich Treppen, damit man selbstständig zu einer Wohnung in der dritten Etage gelangt und nur ja nicht das Stiegenhaus der Bewohner des ersten und zweiten Stockwerks benutzen muss. Oft haben auch die ärmlichsten Häuser eine individuell gestaltete Eingangstür. Diese Antipathie gegenüber der Nähe bemerkst du auch, wenn du die Fensterreihen an irgendeinem beliebigen Campo oder Campiello betrachtest: Die Fassaden sind aneinandergenäht, doch die Fenster sind ungeordnet und scheren aus. Die Fensterbretter machen einen Sprung von der einen Serie zur nächsten. Venezianer verfügen über unterschiedliche Horizonte. Jeder hat sich sein Haus mit unterschiedlichen Maßen im Vergleich zum Nachbarn gebaut; nebeneinanderliegende Wohnungen variieren in der Deckenhöhe.

Heute geht man in Venedig viel mehr zu Fuß. Ursprünglich waren die Palazzi und Häuser direkt an den Kanälen zum Wasser hin ausgerichtet, als repräsentativer Zugang mit der

Anlegestelle für die Boote. Zur Gasse hin öffnen sich Nebeneingänge: Heutzutage benutzen wir vor allem Venedigs Hintertür; die Stadt wendet uns den Rücken zu, zeigt uns die kalte Schulter. Ein Beispiel, das ich sehr liebe, ist die Kirche San Giacomo dell'Orio. Normalerweise stehen Kirchen mit der Fassade zum Platz gewandt. Diese hier macht es genau umgekehrt: Sie hat drei unscheinbare, kahle Nebenfassaden, eine geht auf einen engen Kanal, die beiden anderen zu den Seiten. Zum Campo San Giacomo hin jedoch, im offenen Raum, sichtbar für alle, erheben sich vier asymmetrische Zylinder, die im Innern die Apsis der Kirche bilden. Es ist eine Anti-Fassade, die Hinterbühne Gottes. Eine theologisch bedeutsame Architektur: Gott ist nicht gesellig, nicht der Welt zugewandt; wenn du ihn an zu stark frequentierten Orten suchst, wirst du nur die Rückseite finden, ohne einen sichtbaren Eingang. Was aber zählt, ist, dass die Kehrseite des Göttlichen nicht verborgen wird, sie wird sogar öffentlich ausgestellt, sodass du dich auf die Suche nach dem richtigen Zugang machen musst, wenn du zu Gott gelangen willst.

Viele Brücken sind schief, als hätten die Inseln darunter sich voneinander entfernt. Etliche Brücken sind diagonal errichtet: Die Balustraden aus Backsteinen oder Schmiedeeisen vollführen akrobatische Verrenkungen. Ihre Stufen scheinen erkaltete Lavaströme, die sich über eine Kuppe ergießen und dann zur Seite abwenden. Einige verraten es sogar durch ihren Namen: *Ponte Storto*, Krumme Brücke. Oft sind Gassen, die von verschiedenen Seiten ans Ufer treffen, gar nicht entstanden, um von einer Brücke vereinigt zu werden: Sie waren lediglich ein Zugang zum Wasser, an dem man ein- oder aussteigen konnte, um Waren ein- oder auszuladen.

Wie du aus den Nachrichten weißt, kann es dir passieren, dass du beim Herumlaufen in Venedig nasse Füße bekommst: Das Hochwasser ist eine unglückliche Kombination aus schlechtem Wetter, Winden und Strömungen. Der Scirocco bläst an der

Adria entlang, er ist wie ein Besen, der das Wasser nach Nordwesten fegt, bis sich die Flut in der obersten Ecke fängt: der Lagune von Venedig. Ein trügerischer, listiger Wind: Erst scheint er dich trösten zu wollen, er erhebt sich lauwarm und sanft, lindert die ersten kühlen Temperaturen. Ein heimtückischer, hinterhältiger Wind. Er tritt hauptsächlich während des Übergangs vom Herbst zum Winter auf, zwischen Oktober und Dezember, wenn das hohe Temperaturgefälle große Luftmassen vor sich herschiebt; allerdings kam ich einmal im April aus dem Kino, und da war der Campiello davor völlig überflutet. Also habe ich die Freundin, mit der ich im Kino war, auf meine Schultern gesetzt und sie nach Hause getragen, während mir das eiskalte Wasser bis zu den Knien reichte; ich kam nur langsam voran, Stunden dauerte das – ein wahrhaft ritterlicher Akt, der mir drei Tage Erkältung und Fieber einbrachte.

Jene zu kurzen, unmodischen Hosen, welche die Knöchel freilassen, nennen die Venezianer *braghe acqua alta*, »Hochwasserhosen«, als wären sie abgeschnitten worden, damit die Ränder nicht nass werden. Das Hochwasser ist ein Übel, das im Laufe des 20. Jahrhunderts immer schlimmer wurde; einen Teil der Lagune hat man zugeschüttet, für die Öltanker und die Containerschiffe wurden tiefe Kanäle ausgehoben, und nun kann das Meer binnen weniger Minuten die gesamte Stadt überfluten. Die niedrigen, porösen Inseln der Lagune, die mit Gestrüpp bedeckten *baréne*, an denen die Wellen nagen, können die Energie, die vom Meer hereindringt, nicht mehr verteilen. Diese Inseln sind wichtig: Ihre Vegetation bewohnen Bakterien, die das Wasser reinigen. Früher verlief sich das Hochwasser in den Verästelungen der Lagune aus großen und kleinen Kanälen wie in einem System aus Adern und Haargefäßen.

Das heutige Hochwasser bedeckt, »laminiert« alles.

Zu Beginn war Venedig die »Stadt des tiefen Kanals« oder, anderen Deutungen zufolge, die »Stadt des hohen Ufers«: *Civitas*

Rivoalti, Rialto. Archäologen fördern immer wieder Entdeckungen zutage, die Traditionen und Legenden wieder zur Debatte stellen, doch das aktuelle Stadtzentrum hat sich auf den festesten und am höchsten aufragenden Inseln gebildet, im Schutz des am leichtesten schiffbaren natürlichen Kanals. Im 14. Jahrhundert hatten die Venezianer den Lauf der Flüsse verändert, um das Hochwasser davon abzuhalten, die Inseln zu überfluten und Schlamm in die Lagune zu tragen; sie gingen dabei mit höchster Umsicht vor: einerseits, damit die Lagune nicht verlandete, andererseits, damit sie sich weder in einen stinkenden Sumpf noch in einen neuen Meeresarm verwandelte. Um die Öltanker in den Kanälen zwischen Meer und Lagune passieren zu lassen, wurde der *caranto* ausgeschachtet, jene kompakte Schicht aus Ton und Sand, auf der die Lagune selbst ruht, ihre Unterwasserpflasterung. Venedig ist eine der Ikonen des Anthropozäns; überall hinterlässt die menschliche Hand ihre Spuren in der Landschaft.

Einige Venezianer und Italiener würden gern neue Kanäle ausheben oder die bestehenden noch vertiefen, um immer größere Kreuzfahrtschiffe hindurchfahren zu lassen. Ein Kreuzfahrtschiff ist eines der Symbole für unsere Zivilisation: Ausgeklügelte Technik, beeindruckende wirtschaftliche Kraft und kühnes Finanzgebaren machen gemeinsame Sache, um die denkbar widerlichste Idee zu verwirklichen: eine völlig abgeschmackte Vorstellung des Reisens und Vergnügens. Die riesigen Schiffe zermalmen Venedig, vergiften es mit ihren Emissionen, ruinieren seine Fundamente, bringen seine Häuser zum Erzittern und schrammen gegen seine Ufer.

»Als ob der Schwerlastverkehr über die Piazza Duomo in Mailand führe, oder Panzer über den Ponte Vecchio in Florenz, als würden Flugzeuge auf den Champs-Elysées in Paris landen oder Züge die Piazza Navona zweiteilen«, schrieb Roberto Ferrucci.

Spricht man vom Hochwasser, kommt es zu vielen Missverständnissen. Das erste betrifft die tatsächliche Höhe, die es in der Stadt erreicht. Wenn es etwa heißt, die Flut sei auf anderthalb Meter gestiegen, so bedeutet dies nicht, dass die Leute in der Stadt bis zur Brust im Wasser versinken: Die Angabe bezieht sich auf die mittlere Meereshöhe.

Es gibt niedrigere Zonen in Venedig, die rasch überflutet sind. Die Piazza San Marco liegt nur achtzig Zentimeter über dem Meeresspiegel: Wenn die Flut einen Meter beträgt, steht der Platz zwanzig Zentimeter tief unter Wasser. Für viele Gebiete in der Stadt wird es erst bei 110 Zentimetern ernst. In der Nacht des 4. November 1966 stieg das Wasser auf 194 Zentimeter über der mittleren Meereshöhe an. Auf dem Nachhauseweg von der Arbeit legte mein Vater einen Teil der Strecke schwimmend zurück.

Die Sirenen, die während des Zweiten Weltkriegs vor Luftangriffen warnten, blieben oben auf den Kirchtürmen. Jetzt warnen sie vor den Meeresangriffen, wenn der Wasserspiegel ansteigt. Sie wurden mit einem musikalischen Erkennungsmotiv verfeinert, einer aufsteigenden Notenskala: Pro zehn Zentimeter Flutanstieg wird auch der Sirenenton höher. Das erinnert mich an ein Werk von Martin Creed, *Work no. 1196*, das ich 2011 bei der Triennale Zeitgenössischer Kunst in Folkstone gehört habe: In der Kabine von Lea's Lift, der örtlichen Seilbahn, hörte man die Aufzeichnung eines Streichquartetts, das sich nach und nach immer höher schraubte. Bei der Talfahrt geschah das Gegenteil: Es spielte immer tiefere Töne.

Die Sirenen, die das Hochwasser ankündigen, tun dies zu jeder Tages- und Nachtzeit; manchmal wecken sie dich mitten in der Nacht: wie die schlimmsten Albträume, die eben nicht im Traum passieren, sondern jenseits davon. Schlaftrunken bringen die Einwohner stählerne Trennwände vor den Eingängen an, stecken Schutzvorrichtungen in die gummierten Metallrahmen der Türpfosten. Sogar die Fenster im Erdgeschoss, die auf die angeschwollenen Kanäle hinausgehen, müssen verrammelt werden. Oft hilft aber auch das nichts, das Wasser steigt aus den

Schächten hoch, sprudelt durch die Ritzen im Boden, greift die Möbel an, lässt die Mauern feucht werden und den Putz der geweißelten Wände herabfallen. Sensoren setzen die hydraulischen Pumpen in den Läden in Bewegung; die Händler sausen in ihre Geschäfte und räumen fieberhaft die untersten Regale aus. Ich kann mich noch erinnern, dass früher, nach sehr hohen Flutwellen, vor den Geschäften improvisierte Verkaufsstände mit völlig durchweichten Schuhen aufgestellt wurden. Eine Spezialabteilung der Müllabfuhr baut im Morgengrauen die Holzstege in den überschwemmten Gassen auf. Während der Gymnasialzeit erboten sich meine Schulkameraden, die kniehohe Gummistiefel besaßen – oder gar Anglerstiefel, die bis zu den Oberschenkeln reichten –, ihre Freundinnen und Freunde, die mit normalen Schuhen aus dem Haus gegangen waren, mitzunehmen; sie luden sich die süße Last einer hübschen Klassenkameradin auf die Schultern, trugen ihre Lehrer huckepack, die ihnen die Arme um den Hals schlangen und sich mit den Beinen an sie klammerten: Im Abstand von dreißig Jahrhunderten verkörperten sie Aeneas, der den Vater Anchises aus dem brennenden Troja rettet und in Sicherheit bringt. Wenn man das Haus mit dem falschen Schuhwerk verlassen hat, geht man in die Drogerie, bittet um ein Paar Plastiktüten und steckt die Füße in zwei Einkaufsbeutel. Während du dir deren Henkel um die Knöchel bindest, haben die Chinesen bereits Tonnen von wasserdichten Beinschonern aus buntem durchsichtigem Plastik produziert, die an die Touristen verkauft werden. Junge Männer transportieren Passanten mit der Gepäckkarre, durchqueren schwimmbeckengroße Pfützen, setzen sie auf trockenem Land wieder ab; gerne nehmen sie Geld dafür an. Die Touristen haben einen Heidenspaß, sie fotografieren, laufen barfuß und mit hochgekrempelten Hosenbeinen herum, treten unter Wasser auf unsichtbare Widerlichkeiten. Immer gibt es irgendeinen, der ganz selig ist, sich totlacht, jubelt und nicht merkt, dass er sich dem Ende einer Gasse nähert und ihm gleich der Grund unter den Füßen schwindet; er aber schreitet fröhlich dahin, bis er im Kanal versinkt.

Jeder hat seine Hochwasser-Anekdoten. Vor Jahren war einmal ein Freund von mir, ein Staatsanwalt, zusammen mit einem anderen Anwalt auf dem Weg zum Gericht. Sie gingen über schlecht miteinander verbundenen Stege, zwischen denen sich eine Lücke auftat. Plötzlich war der Anwalt verschwunden: Aus dem Wasser ragten nur ein Jackettärmel und an dessen Ende ein Handgelenk mit einer goldenen Uhr; die Hand wedelte verzweifelt mit der ledernen Aktenmappe. Mein Freund fing sie auf; der Anwalt hielt völlig durchnässt und triefend sein Plädoyer, voller Zufriedenheit die vor dem Wasser geretteten Dokumente schwenkend.

Während der Überschwemmung vom 12. November 2019, der schlimmsten nach derjenigen von 1966, stieg das Wasser um 187 Zentimeter über der mittleren Meereshöhe an. Die Schäden rührten nicht nur von der Wasserhöhe an sich, sondern auch von der Tatsache, dass diese nicht korrekt angekündigt wurde: Wenige Stunden zuvor war von lediglich 140 Zentimetern die Rede gewesen, doch in nicht einmal einer Stunde stieg der Wasserspiegel um einen weiteren halben Meter.

Ich habe die Mitteilungen aufbewahrt, die die Hochwasser-Behörde ausgegeben hatte; sie sind ein Beweis für die plötzliche Verschlechterung der Situation innerhalb kurzer Zeit:

»18.30 Uhr: Für 23 Uhr wird ein Pegelstand von 140 bis 145 Zentimetern erwartet. Sturmflut, Alarmstufe Rot.«

»20.30 Uhr: Schlechtere Wetterbedingungen als erwartet. Nächster Pegelhöchststand um 23 Uhr bei 155–160 Zentimetern.«

»21.45 Uhr: Weitere Verschlechterung der Wettersituation. Vorhersage Pegelstand für heute 23 Uhr: 170 Zentimeter. Extreme Flut, Alarmstufe Rot.«

»22.50 Uhr: Unerwartete Windböen von bis zu 100 Stundenkilometern über der Lagune. Der Pegelstand könnte gegen 23.30 Uhr 190 cm erreichen.«

»23.35 Uhr: Der Pegelstand beträgt seit 22.50 Uhr 187 Zentimeter. Auch in den kommenden Tagen werden Extremwerte erreicht.«

Was war passiert? Fünfzig Kilometer südlich von Venedig, in einem kleinen Gebiet vor der Po-Mündung, sank plötzlich der Luftdruck und verstärkte dadurch den Scirocco, der seinerseits das Meer um mehr als dreißig Zentimeter anschwellen ließ. »In meinen fünfunddreißig Dienstjahren ist mir noch nie eine derartige Situation untergekommen«, erklärte Paolo Canestrelli, der ehemalige Direktor des Zentrums für Flutvorhersagen der Stadt Venedig.

Von meinem Fenster aus beobachtete ich, wie sich der Kanal mit Wasser füllte, kleine Wellen leckten nach Zonen, die sonst nie von Überschwemmungen betroffen waren. Gegen elf Uhr abends schrillten die Sirenen vergeblich in ständigem Takt, ihre Töne waren nicht hoch genug, um die entsprechende Alarmstufe anzuzeigen. Ein Motorboot mit vier Personen fuhr auf dem Campo unterhalb des Hauses vor: Stell dir vor, wie ein Boot über einen Platz fährt, über den sonst Passanten spazieren. Der Bootsführer hielt den Motor am Heck geneigt, sodass die Schiffsschraube zwar das einen halben Meter tiefe Wasser durchpflügte, dabei aber nicht übers Pflaster schrammte. So gelang es ihm, den ganzen überschwemmten Platz zu überqueren und seine Freunde nach Hause zu bringen – sei es, um sie vor dem Nasswerden zu bewahren oder weil er besonders witzig sein wollte.

Der Wind legte sich wieder. Nach Mitternacht vertrat ich mir noch ein wenig die Beine, das Wasser sank bereits. »Me xe s'ciopà el pavimento«, hörte ich einen Kunsthandwerker sagen, »mir ist der Boden explodiert.« Ich blieb stehen und ließ mir seine Geschichte erzählen. Er war in sein Geschäft gerannt, der Strom war ausgefallen. Eine Viertelstunde lang hatte er von Panik ergriffen in der Dunkelheit zugebracht; draußen, auf der Straße kam das Wasser in Wellen heran, als stünde er am Strand und nicht mitten in der Stadt; in der Finsternis hörte der Mann, wie die Bretter des Fußbodens eines nach dem anderen zersplitterten: Sie hielten dem Druck des Wassers von unten nicht stand. Er hatte die Taschenlampe seines Handys eingeschaltet und beleuchtete damit die kiloschweren Vasen und kleinen Statuen, die durchgerüttelt wurden und schließlich zu Boden fielen.

Ich setzte meinen Erkundungsgang fort. Da gab es Geschäfte, in denen modische Kleidung im letzten Augenblick auf den Ladentheken zu einem Haufen aufgetürmt wurde, als handelte es sich um wertlose Lumpen; halb entkleidete Schaufensterpuppen waren umgestürzt; Hotelportiers in Livree und mit Schirmmütze hatten die Hosenbeine bis zu den Waden hochgekrempelt und feudelten barfuß mit Wischmopps über eiskalte Fußböden; Münzautomaten in Waschsalons standen im Wasser, wertvolle Waschmaschinen waren wertlos geworden, ihre Besitzer aschfahl im Gesicht. Ganze Stadtviertel lagen im Dunkeln, nur von den zuckenden Lichtblitzen der Handys erhellt. Das Wasser zog sich nun mit derselben Wucht zurück, mit der es gestiegen war, es floss aus den Innenhöfen zurück, ergoss sich in Kaskaden über die Stufen zu den Eingängen, um rasch wieder in die Lagune zu strömen: Junge Mieter sahen ihm erstaunt zu, während sie sich, barfuß auf der Schwelle im Erdgeschoss stehend, die Knöchel von der Flut im Rückwärtsgang umspülen ließen. Wahrscheinlich waren es junge Leute aus anderen Städten, Studierende, die von anderswo kamen und ihr erstes schweres Hochwasser erlebten. Unterdessen erhielt ich Nachrichten von im Wasser treibenden Bäumen, herausgerissenen Steinblöcken, zerstörten Bootsanlegestellen. Ein befreundetes Paar, das im Erdgeschoss wohnte, hatte, obwohl es alles bereits erhöht aufgestellt hatte, Kühlschrank, Herd und Waschmaschine verloren. Wie sie die Nacht verbracht haben, weiß ich nicht: Auch ihre Matratze hatte sich mit Wasser vollgesogen.

Selbst die umsichtigsten Ladenbesitzer hatten keine Chance. Einer meiner Freunde glaubte, alles richtig gemacht zu haben; er hatte seine Ware bei einem Pegelstand von 170 Zentimetern in Sicherheit gebracht, was ihm da noch als reichlich übertriebene Vorsicht erschien; dann aber fand er sich in seinem Geschäft im 60 Zentimeter hohen Brackwasser wieder. Versicherungen zahlen in einem solchen Katastrophenfall nicht; Hochwasserschäden sind nicht abgedeckt.

Am nächsten Morgen begab ich mich mit zwei Stunden Puffer zum Zahnarzt, ich wäre sonst nicht rechtzeitig dort angelangt, da sich eine weitere Flutwelle erhob. Der Zahnarzt bat mich um einen Gefallen: Er gab mir ein Paar hohe Gummistiefel wie die eines Anglers, damit ich sie seiner Assistentin brächte, die in 200 Metern Entfernung von der Praxis gefangen saß und ohne Stiefel nicht zur Arbeit kommen konnte.

Ein paar Stunden später hatte ich einen Weisheitszahn weniger und schaute bei einer befreundeten Buchhändlerin vorbei. Sie lehnte sich an meine Schulter und weinte hemmungslos: Am Abend zuvor hatte sie das untere Regal ausgeräumt, da auch sie glaubte, sich auf die Wettervorhersage verlassen zu können. Doch das Wasser erfasste sogar noch die obere Regalreihe. Sie verlor Hunderte von Büchern, auch diejenigen, die noch eingeschweißt waren; die Schutzhülle half da wenig; das Wasser dringt dennoch ein, und die Bücher schwellen an wie Luftballons, als wollten sie sich aus einer Zwangsjacke befreien: Die Worte scheinen explodieren zu wollen. Als ich sie in Händen hielt, konnte ich den Wunsch nicht unterdrücken, solche Bücher schreiben zu wollen.

Ich ging den Gymnasiasten zur Hand, die sich zusammengetan hatten, um beim Aufräumen zu helfen, beim Putzen und Trocknen; am Nachmittag machte ich in der Dämmerung einen Gang durch die Stadt: Überall waren die Leute am Werkeln, fegten, schoben die Dinge an ihren Platz zurück. Ich sah die Vaporetti, die durch die Kraft des Wassers emporgehoben worden waren, sich verkeilt hatten und an der steinernen Riva auflagen, die Säulchen, Balustraden, Mäuerchen, die eingestürzt waren, die gestreiften Gondelpfähle, die wie Wurfgeschosse gegen die historischen Gebäude geschleudert worden waren; die zersplitterten hölzernen Außenaufbauten der Hotelbars; die verbogenen und verbeulten Rollstuhlrampen an den Brücken. Natürlich ist selbst ein derartiges Hochwasser nicht mit einer verheerenden Überschwemmung vergleichbar, wie sie seit Beginn dieses Jahrhunderts immer häufiger auf dem gesamten Globus vorkommen; doch die Stadt ist zerbrechlich, es braucht nicht viel, um sie für immer zu zerstören. Die Erde warnt uns durch moderate Katastrophen dankenswerterweise vor.

In den Schächten der Bergwerke wurde früher ein Kanarienvogel im Käfig mitgenommen. Wenn tödliches Gas austrat, war er der Erste, der starb. Er war das empfindlichste Lebewesen dort unten, sein Ende kündigte den Tod aller anderen an. Venedig ist der Kanarienvogel im Bergwerk.

Ich ging in der Dämmerung dahin, unter einem wie zum Hohn klaren Himmel, blau und rot gestreift. Es war, als wäre ein Segel zerrissen, und ich hörte eine Stimme, sanft aber entschieden, die mir eine so banale Wahrheit eröffnete, dass sie unerträglich war: »Siehst du? Venedig ist da, aber es könnte auch nicht da sein. Halte es niemals für selbstverständlich.«

Herz

Verliebt man sich in Venedig leichter als anderswo? Dem Theologen Tadeusz Zulawskij zufolge »bestätigen wiederholte biochemische Tests und Analysen, dass es auf der Welt keinen Ort gibt, an dem die Hormonproduktion stärker angeregt würde.« Dem steht die Ansicht von Professor Abrahamowitz gegenüber, der behauptet:

»Der permanente Zustand romantischer Erregung, die beständige erotische Raserei, die Venedig bei seinen Besuchern bewirkt, führt paradoxerweise dazu, dass der sexuelle Impuls nachlässt. Es stimmt, dass diese Stadt das Verlangen stets wachhält, jedoch auf einem niedrigen Niveau, ohne plötzliche Sprünge oder Schübe. Und so geht der sexuelle Impuls von jeder Faser des Individuums aus, verteilt sich über alle Glieder, sickert in den hintersten Winkel der Seele. Eros breitet sich rasch von den Genitalien her im gesamten Körper aus: Auf diese Weise steigert er zwar die eigene Verbreitung, bewirkt dadurch aber zugleich eine Minderung seiner Intensität.«

Der ehemalige Weltmeister im Bodybuilding Oscar Krickstein hat kürzlich in einem Interview erklärt:

»Es ist seltsam, es ist, als würde mein Körper eine sanfte Liebes-Gymnastik mit Venedig machen *[a soft love gym with Venice]*, vom Morgengrauen bis zum Sonnenuntergang, ohne je innezuhalten, ziemlich langsam, vom Scheitel bis hinunter zu den Fußsohlen. Wirklich, wenn ich hierher komme, wird Venedig zu meiner Geliebten! Ohne es zu bemerken, habe ich Sex mit dieser Stadt *[I have sex with this city]*. Abends vergeht mir die Lust, alles kurz und klein zu schlagen, es ist unglaublich! An jedem anderen

Ort der Welt brauche ich nur einen Fuß in ein Fitnessstudio zu setzen, und schon zerstöre ich es. Hier aber bin ich viel ausgeglichener, Venedig übt eine beruhigende Wirkung auf mich aus.«

Die Verse der Dichterin Costanza Fenegoni Varotti sprechen eine noch deutlichere Sprache:

Heulend will heut Nacht ich nach draußen gehn
Will geifernd durch die Gassen irren,
Gierig verschling ich dann mit meinen Küssen
Kahlrasierte junge Männer,
Die ihr weite Hosen schwellen lasst,
Springend hüpfe ich
Über die Brücke meiner Seufzer,
Ausgedörrt von meiner Begierde
Hängt keuchend mir die Zunge aus dem Mund:
Alle Poren meiner Haut sperr' ich auf,
Tausend spitze Zähne lass ich glitzern
Unterm Licht des Wolfsmonds,
Packen will ich eure nackten rohen Schädel,
Stillen mögen sie die durstige Glut
Aus meinen geheimsten Mündern,
Löschen will ich sie an euren Leibern
Wie an Ständen mit bunten Tränken,
Von euch errichtet für meine Sehnsucht
Nach kochender Mandelmilch und brennend heißer Limonade.

Wozu führen diese guten Vorsätze? Antwort darauf gibt die letzte Strophe des Gedichts:

Doch dann bleib ich hier und denk an euch,
Ihr jungen Männer mit den kahlen Schädeln,
Lege das Gebiss in den bitt'ren Kelch zurück,
»Schlaf gut, treuer Freund

In tausend Schlachten voller Glut«,
Döse friedlich ein,
O ihr grausamen nackten jungen Männer,
Seh euch ständig vor mir
Seh euch ständig vor mir
Seh euch ständig vor mir.

In seiner Autobiografie, im Kapitel *Ich und die Frauen*, erzählt der Elementarphysiker Gary Fletcher eine bedeutsame Episode seines Lebens:

»Diese seltsamen Krämpfe epileptischen Charakters befielen mich jedes Mal, wenn ich neben einer hübschen jungen Frau saß, und riefen nervös bedingte endogene Entladungen von 1000–1500 Biovolts hervor. Was tun? Es gab keine andere Lösung, als mich sofort – so nenne ich es jedenfalls – an die Steckdose der Unglücklichen anzuschließen. Eines Tages aber wurde ich zu einem Kongress eingeladen, der in Italien stattfand, und so kam ich zum ersten Mal nach Venedig. Venedig! Die Stadt der Verliebten und der Hochzeitsreisenden! Die Stadt, die aus Othello einen vor Liebe blinden Mörder gemacht hatte! Wie würde sie sich wohl auf mich auswirken? Ich machte mir ziemliche Sorgen, das muss ich gestehen. Zu meiner großen Überraschung verschwanden jedoch, sobald ich meinen Fuß auf venezianischen Boden setzte, meine Anfälle von *voracitas sexualis rapax* vollkommen. Ich wollte nicht herausfinden, worauf dieses unerwartete Vorkommnis zurückzuführen war. Ich packte meine Koffer und reiste augenblicklich in mein geliebtes Minneapolis zurück, wo die Krämpfe glücklicherweise wieder einsetzten.«

Dabei wollen wir es belassen, auch wenn ich noch unzählige andere, ebenso maßgebliche Zeugenaussagen anführen könnte. Venedig kann anstrengend sein. Du bist den ganzen Tag auf den Beinen. Tausende Informationen zu Geschichte, Kunst und Städtebau stürmen auf dich ein. Dir schwindelt angesichts hundert unvergesslicher Panoramen. Und als sei dies noch nicht genug, verschwendest du Energie auf kleinere und größere Ärgernisse wie gefälschten Trödel oder überteuertes Essen. Bekanntlich bringt eine intensive Liebesbeziehung Streit und unterschiedliche Ansichten mit sich, die die Versöhnung dann umso leidenschaftlicher ausfallen lassen. Diese Achterbahn der Gefühle kündigt eine ebenso aufregende Nacht an. Abends, während du Hand in Hand mit deinem geliebten Menschen durch die Stadt spazierst, freust du dich auf ein Finale furisoso. Kaum hast du jedoch das Hotelzimmer wieder betreten, brichst du auf dem Bett zusammen – es ist noch nicht einmal zehn Uhr – und schläfst schlagartig ein.

Vielleicht ist Venedig eifersüchtig auf Liebende, es laugt sie aus, weil es absolute Treue fordert, allumfassende Liebe, nicht nur auf der emotionalen, sondern auch auf der körperlichen Ebene: komplette Hingabe. Es beansprucht das sexuelle Exklusivrecht, doch um es zu erreichen, macht es dir weder Eifersuchtsszenen, noch unterwirft es dich einem Kontrollzwang: Es erschöpft dich durch seine ununterbrochene Sinnlichkeit, die ganze Zeit über macht Venedig mit dir Liebe und befriedigt dich dabei derart, dass dein allmählich gesättigter Geist und dein abflauendes körperliches Verlangen ihre sonstige Raserei ganz vergessen und nichts anderes mehr begehren; du schläfst auf der Stelle genüsslich schnarchend ein.

Aber besinnen wir uns noch einmal auf die eingangs gestellte Frage. Verliebt man sich in Venedig leichter als anderswo? Schlägt das Herz hier stärker? Soll man mit seiner Freundin anreisen? Lassen sich konkrete Ergebnisse erzielen, wenn man sich mit Venedig verbündet, um ein Mädchen zu bezaubern? Ohne Zweifel. Doch erlaube mir dazu eine rasche Überlegung, danach gehen wir zu praktischeren Fragen über.

Also: die alten Tricks – man stelle sich zu Verführungszwecken in eine herrliche Landschaft, umgebe sich mit einer beeindruckenden Szenerie –, was bedeuten sie eigentlich? Will ich einen Coup landen, nehme ich vor einem wunderschönen Hintergrundprospekt Aufstellung, so als würde mein Körper einen Heiligenschein aus prächtigen Bildern ausstrahlen: Die Landschaft wird zu meiner Aureole (nach demselben Prinzip ziehe ich mir etwas Hübsches an, denn die Kleider sind eine Ausscheidung meiner Haut).

»Hier bleibt einem nichts anderes übrig, als sich mit Landschaft zu umgürten«, hat Andrea Zanzotto geschrieben. Und nun betrachte diese Situation einmal aus dem umgekehrten Blickwinkel: Es ist, als würde sich die Landschaft auf bestimmte Punkte konzentrieren; der Hintergrund wird dichter, es kristallisiert sich eine Gestalt heraus: nämlich ich. Und wenn alles gut geht, frage ich mich an dieser Stelle: Küsst sie nun mich oder die Landschaft?

Ein weiteres Risiko: Vor einem prächtigen Hintergrund heben sich hässliche Gestalten deutlicher ab. Wenn du also nicht das Gefühl hast, Mister Universum oder Mister Hollywood zu sein, wähle eine Müllhalde als Ort deiner Liebeserklärung, wage den ersten Kuss eingehüllt in stinkende Auspuffschwaden, sorge dafür, dass du eine bestialisch riechende Raffinerie im Rücken hast, wenn du die Hände ausstreckst: Dann bist du das einzig Schöne in der Landschaft, ein unwiderstehliches Glanz-Konzentrat, wie ein Edelstein im Schlamm wirst du glitzern. Zum Verführen auf nach Porto Marghera!

Ich habe jahrelang in Mailand gelebt, allerdings in dem unglücklichen Jahrzehnt, bevor die Stadtviertel saniert und die Gehsteige und das alte Hafenbecken wieder in Schuss gebracht wurden. Eine blankgescheuerte, vom Asphalt verkrustete, autofreundliche, mit schwarzem Talkumpulver überzogene Stadt. Und ausgerechnet deshalb eine höchst sinnliche Stadt! In Mailand empfand ich die Körper als die einzigen Attraktionen jenseits der Luxusprodukte und der anderen Waren. »Genau deshalb«, sagte ich zu mir selbst, »ist Mailand die Stadt der Mode und des Designs: Es ist eben eher an inneren Werten interessiert, die beim Rundgang durch die Stadt nicht sichtbar werden. Die Schönheit ist prêt-à-porter: Man trägt sie bei sich, auf persönliche Initiative, als Ersatz für die Mängel der Landschaft. Das einzig Verführerische an Mailand sind die Menschen, die sich von der Asphaltkruste abheben. Die Menschen und die Waren. In Venedig befriedigt ein Spaziergang Geist und Körper, da brauchst du nichts anderes. In Mailand verschaffst du dir sinnlichen Genuss, indem du jemanden triffst oder Dinge kaufst.«

Doch ich hatte dir praktische Ratschläge versprochen. Stimmt es, dass man sich in Venedig unter freiem Himmel liebt, an jeder Straßenecke? Lass uns eines klarstellen: Venezianische Liebespärchen haben meist kein Auto; in der Stadt darf man nicht einmal ein Fahrrad benutzen. Wo soll man also hin, wenn die Eltern zu Hause sind? Jeder Jugendliche hat so seine Geheimplätze, Nischen am Ende einsamer Gassen, düstere Höfe voller Stille, und ich werde dir bestimmt nicht sagen, wo. Das findest du schon allein heraus (oder vielleicht ja auch zu zweit), und dann ist es umso schöner.

Natürlich, der Voyeur hinter den Ritzen der Fensterläden legt sich nie zur Ruh', wie man weiß. Prüfe eingehend die Situation, sieh dich um: Sind die Hauseingänge voller Klingeln? Ist das Licht der Straßenlaternen sehr grell? Sind all die Fenster da oben verriegelt? Was verbirgt sich hinter der nächsten Ecke? Ein ausgestorbener Platz oder eine belebte Gasse? Fahren an den Stufen, die zum Wasser hinabführen, Boote mit laut dröhnender Stereoanlage vorbei, die genau dann anhalten und sich über dich lustig machen, wenn's am schönsten ist? Kommen womöglich ganze Flotten von Gondeln mit singenden Gondolieri vorbei?

Halte nach Eingängen ohne Klingelschilder Ausschau, die oft zu Warenlagern gehören. Such dir Ecken unter zerbrochenen, kaputten Laternen. Mitten im Zentrum solltest du ein Versteck suchen, aus dem ihr in jedem Moment ganz gefasst herauskommen und so tun könnt, als sei nichts geschehen, eilig, im Nu alles verbergend. Es sei denn, eure Liebe wäre exhibitionistisch, dreist, risikoversessen: Dann aber bräuchtet ihr meine Ratschläge gar nicht, und kein Ort könnte euch schrecken.

In der Urfassung dieses Buches hatte ich dir empfohlen, auch die feuchten, aber verschwiegenen Lastkähne in Erwägung zu ziehen, die in einsamen, verschlafenen *rii* vertäut sind: leichten Schrittes an Bord zu gehen, um sie nicht zu versenken, und hinterher keine Spuren deines Aufenthaltes wie Präservative, zusammengeknüllte Taschentücher oder eingeritzte Herzchen mit Pfeil zu hinterlassen, da dies nicht höflich gegenüber deinen Gastgebern wäre. Ich muss hier eine Aktualisierung vornehmen: Wie überall wimmelt es auch hier von Überwachungskameras und Mobiltelefonen, stets bereit, alles aufzuzeichnen. Die Welt hat sich in einen Albtraum voller Moralapostel verwandelt: Es gibt keine Nische mehr, die nicht irgendein bigotter Zeitgenosse ausspioniert, um das Video anschließend ins Netz zu stellen oder es an die Lokalzeitungen zu schicken. Auch muss man feststellen, dass jede noch so unbedeutende Begebenheit in Venedig zu einer Nachricht planetarischen Ausmaßes wird. Man vermisst den Respekt, beruft sich auf das Schamgefühl, sieht überall gleich einen Skandal, überall Verdorbenheit; der Ruf nach Strafen und Platzverweisen wird laut. Die Venezianer von heute sind scheinheilig. Ihre Stadt überschüttet dich mit einer derartigen Unmenge an Emotionen, dass dein Gemüt sich zwangsweise Erleichterung verschaffen und der Leidenschaft nachgeben muss; wenn's jedoch nach diesen neuen Puritanern ginge, die da im Gewand der Verteidiger der Kultur des Abendlandes daherkommen, müsste man Venedig die kalte Schulter zeigen, auch wenn man tausendfachen Reizen, Kitzeln und Anregungen ästhetischer wie sinnlicher Art schutzlos ausgeliefert ist. Von wegen Strafen: Einen Preis verleihen sollte man dem Schweizer Paar (ausgerechnet zwei unauffällige, bodenständige Schweizer!), das es sich am Ufer des Canal Grande in Höhe des Rialto gegenseitig besorgt hat; oder den beiden Wagemutigen, die sich nackt auf die Planken einer Bootsanlegestelle legten: Sie haben jene Bretter als Liegeplatz gedeutet, der genau die richtigen Breite für ihre beiden Körper besitzt. Eine ehrenvolle Erwähnung hätte auch das Paar verdient, das sich an einer Vaporetto-Haltestelle an bestimmten Stellen streichelte. Es gibt so viele Möglichkeiten, einer Stadt gegenüber Respekt zu bezeugen: sie nicht zu beschmutzen, ihre Geschichte zu kennen, sich Geist und Sinne bezaubern zu lassen, die Begeisterung, die sie hervorruft, auszuleben, sie zu genießen. Sich auf offener Straße in Venedig zu lieben ist die höchste Form der Hommage an seine Geschichte, Kunst und Architektur.

Manch einer nimmt nachts den Vaporetto zum Lido, im Frühling oder zu Beginn des Herbstes, vor und nach der Badesaison: Am Strand stehen die leeren Kabinen der Badeanstalten bereit, obwohl es in den letzten Jahren weitaus gefährlicher als früher geworden ist, denn von Zeit zu Zeit drehen dort Wachmänner mit Taschenlampen ihre Runden.

Auch ich hatte eine Phase einer solchen Freibeuterei der Liebe, zwischen fünfzehn und zwanzig, als ich nach Schlupfwinkeln auf offener Straße Ausschau hielt. Ich möchte dir vier kleine Geschichten erzählen, die ich in jener Zeit gehört habe: Vielleicht habe ich sie selbst erlebt, vielleicht war ich aber auch Zeuge.

Erste Geschichte: ein Paar am Ende einer Gasse, die auf einen Kanal mündet; die beiden stehen an einer etwas zurückversetzten Eingangstür. Beide *äußerst* freizügig. Plötzlich tauchen ein Herr und eine Dame mit ihrem etwa fünfjährigen Töchterchen auf. Der Herr hat einen Stadtplan in der Hand. Von wegen umkehren: Er läuft weiter, scheint nicht zu bemerken, dass er gerade stört, fragt nach dem Weg. Ohne mit der Wimper zu zucken, umklammert sich das Pärchen in inniger Umarmung, sie kleben förmlich aneinander. Die nackte Brust des einen bedeckt die der anderen, der Vorhang aus Hemd und Bluse fällt seitlich darüber. Als ob nichts wäre, erklärt der junge Mann der Touristenfamilie den Weg, auch seine Freundin lächelt und macht sogar noch ein paar extragenaue Angaben, damit sich die Familie nicht noch einmal verläuft, jemand anderen um Auskunft bittet und dabei womöglich ein anderes Pärchen stört.

Geschichte Nummer zwei: zwei Verliebte, die absolut nicht wissen, wohin. Jede Nacht, gegen drei Uhr, im tiefsten Winter, sieht man auf einer Bank mitten auf einem Campo eine Art zuckenden Sack. Unten schauen zwei angekleidete Beinpaare heraus. Oben eine unruhige Stoffmasse, es ist ein großer Wintermantel, der ein auf der Bank hockendes Mädchen mit seinem über ihm kauernden Freund einhüllt. Sie lieben sich: unter den Augen aller, doch es schlafen ja alle.

Geschichte Nummer drei: Ein Junge und ein Mädchen treiben es im Stehen in der Nische eines verrammelten Eingangs. Das Mädchen stützt sich mit dem Rücken an der Tür ab, der Junge bearbeitet es mit raschen, eifrigen Beckenstößen. Auf einmal blockiert die Mechanik, der Sex strengt so zu sehr an. Der Junge kommt aus dem Rhythmus, taumelt nach vorn, stößt sich an einem kantigen, schweren Vorhängeschloss. Es tut höllisch weh. Ein geflüsterter Fluch, dann ein neuerliches Anschwellen, diesmal jedoch nicht vor Leidenschaft, vielmehr bekommt er einen blauen Fleck vorne an der Spitze. Einen Meter entfernt quietscht ein Fensterladen im Erdgeschoss, es schiebt sich eine geheimnisvolle Hand hervor und stellt eine Rolle Verbandmull und ein Döschen mit Salbe gegen Blutergüsse auf das Sims. Die heilsame Hand zieht sich diskret zurück.

Geschichte Nummer vier: Eine junge Frau ist spät nachts auf dem Heimweg, blickt sich zerstreut um, kenne ich den nicht? Doch, das ist er, der hier mitten auf dem Platz an einen Brunnen gelehnt steht. Vor dem Jungen kniet ein Mädchen und verwöhnt ihn. Ohne auch nur im Traum daran zu denken, seine Freundin zu unterbrechen, die gerade in seiner Beckengegend zugange ist, erwidert der Junge den Blick der jungen Frau, die soeben den kleinen Platz überquert; nun erkennt auch er sie, er hebt die Hand zum Gruß, lächelt ganz unbefangen, ruft ihr ein fröhliches »Hey!« zu.

Geh noch einmal zurück zu den Säulen des Dogenpalastes und zähle sie erneut vom Eckpfeiler aus, diesmal jedoch zur Piazzetta hin, gegenüber der Biblioteca Marciana. An der siebten Säule richtest du den Blick nach oben auf das Kapitell und siehst eine Art Comicstrip, die traurigste und herzerweichendste Geschichte aller Zeiten über ein Ehepaar. Eine achteckige Liebe rund um die Säule: Sie fängt vorne bei der Fassade an.

Erstes Bild: Ein junger Mann steht unter einem Balkon. An einem Fenster zeigt sich ein Mädchen mit langen Haaren. Er legt sich eine Hand auf die Brust, mit der anderen deutet er auf sie und macht ihr ein Liebesgeständnis.

Zweites Bild: Das erste Rendezvous. Er ist bewaffnet, trägt seitlich ein Schwert; er hat die Arme überkreuzt, während sie ihm die erhobene Hand entgegenhält und den Oberkörper nach hinten lehnt. Uns scheint ihre Körpersprache Gleichgültigkeit und Ablehnung auszudrücken, doch im Mittelalter war der Kodex der Gesten ein anderer als heute; Forscher sind der Ansicht, dass die beiden einen Liebesschwur tun. Sie hat eine Hand aufs Herz gelegt, und er macht eine symbolische Geste für eine Umarmung.

Drittes Bild: Die junge Frau setzt ihm einen Blumenkranz auf die Stirn, er reicht ihr eine Frucht oder ein Kästchen: Sie heiraten einander.

Viertes Bild: Sie umarmen sich. Sie hat ihre Zöpfe gelöst, ihre Kette und das Gewand aber anbehalten; er hat seinen Umhang und die Kapuze über der Schulter. Sie sind noch bekleidet und kurz davor, sich zu küssen.

Fünftes Bild: Sie liegen nackt im Bett, mit Laken bedeckt. Er hat eine Nachthaube auf dem Kopf und hat ihr eine Hand unter den Nacken geschoben. Sie schlafen miteinander.

Sechstes Bild: Ein Kind ist zur Welt gekommen. Mama und Papa schmusen mit dem in Windeln gewickelten Kleinen.

Siebtes Bild: Das Kind wächst heran, die Eltern beaufsichtigen es liebevoll, sie lächeln glücklich. Sie halten es an der Hand, die Mutter streichelt ihm die Schulter.

Achtes Bild: Das Kind ist zu einem kleinen Jungen herangewachsen, er ist verstorben. Die Eltern haben versteinerte Gesichter, sie sind urplötzlich gealtert. Sie weinen über der Totenbahre des Jungen. Die Arme des kleinen Leichnams sind über der Brust gekreuzt. Der Vater ringt verzweifelt die Hände. Die Mutter legt fassungslos eine Hand an die Wange, mit der anderen hält sie das Handgelenk des Jungen.

Auf eine Sache möchte ich dich bei dieser betrüblichen Geschichte aufmerksam machen. Alles geschieht in einer gesitteten vertikalen Position. Die Figuren sind stets symmetrisch angeordnet, Gesten finden eine parallele Entsprechung, die beiden sind in gerade herabfallende Tuniken und Gewänder gehüllt – außer im fünften Bild. Unter den sich sanft kräuselnden Laken, einem üppigen Faltenwurf, liegen die Liebenden, von der Stoffflut mitgerissen, auf einem Rhombus, einem schiefen Rechteck: Es ist das Bett, das verrutscht ist, die Matratze ist trapezförmig. »Das Bett erzittert, quietscht und schnattert unter den Stößen vor sich hin, es macht einen kleinen Spaziergang durchs Zimmer«, beschrieb Catull die Bewegungen eines Möbelstücks unter dem Einfluss eines Beischlafs. Die Leidenschaft hat das Bett durchs Zimmer gezerrt, hat es nach und nach über den Boden trippeln lassen. Die Liebe ist diagonal: Sie erschüttert ästhetische Maßstäbe, hebt die strenge Choreografie eines gotischen Basreliefs aus den Angeln.

Hände

Du möchtest Venedig berühren, ganz spontan. Es anfassen, streicheln, zwicken, betasten, kneifen. An Venedig darfst du ruhig Hand anlegen.

Stütze dich auf das Geländer der Brücken. Die Balustraden der Rialtobrücke haben Millionen Hände blank gescheuert: ein Zeichen, dass auch du ein kleines Steinmolekül mitnimmst. Es bleibt auf deinen Fingerkuppen haften, in den Furchen der Fingerabdrücke. Lass die Hände über die niedrigen Metallgitter an den Kanälen gleiten.

Wenn du die Arme ausbreitest, gelingt es dir, die beiden Wände einer Gasse zu berühren. In den engsten Gassen würdest du es nicht einmal schaffen, im Gedränge die Ellbogen einzusetzen. Sie scheinen auf das Maß deiner Schultern zugeschnitten: Fast möchtest du dich seitlich verdrücken. Eine hinter dem Campo San Polo heißt tatsächlich *Calle stretta*, enge Gasse, doch es gibt noch schmalere. Die gegenüberliegenden Fenster sind nur einen halben Meter voneinander entfernt, da können sich die Nachbarn das Salz hinüberreichen, während sie jeder um den eigenen Esstisch sitzen. Der Ramo di Ca' Zusto in Santa Croce ist fünfundsechzig Zentimeter breit. Die Calesela de l'Ochio Grosso bringt es auf achtundfünfzig Zentimeter, die Calle Varisco auf zweiundfünfzigeinhalb – ein finsterer, angsteinflößender Wurmfortsatz, der am Wasser endet.

Du reibst dich an den abbröselnden Mauern, den porösen Ziegeln voller Ritzen. Wer eine Schnitzeljagd organisiert, steckt hier Zettelchen mit Rätseln hinein, die zur nächsten Etappe führen. Drogenhändler stopfen ihre Tütchen hinein.

An den Mauern haftet ein körniger Talkbelag. Es ist ein Salz, ein chemischer Verwandter des Salpeters, der in alten Zeiten von Kellerwänden, Treppennischen, Taubenschlägen und Ställen gekratzt wurde und einen gewissen Teil oxidiertes Ammoniak enthielt; seine Kristalle fanden sich in Räumen mit Nutztieren; es diente als Reinigungsmittel, aber auch zur Herstellung des Griechischen Feuers, einer Brandmischung, mit der die Byzantiner gegnerische Schiffe angriffen.

Die Venezianer ließen es auf dem Land produzieren, in speziell dafür vorgesehenen Ställen, wo es aus dem Urin und dem Kot der Tiere destilliert wurde. Die Hirten trieben jede Nacht zweihundert Schafe in einem einzigen Pferch zusammen, dem sogenannten *tesón*. Am nächsten Tag kratzte man den mit Schafsammoniak getränkten Boden zusammen und schaffte ihn beiseite; den Rest besorgten Mikroorganismen. Anschließend bedurfte es komplizierter Prozesse, bei denen der Stoff ausgelaugt, gefiltert und auskristallisiert wurde. Wozu der ganze Aufwand? Salpeter war ein wichtiger Bestandteil des Schießpulvers.

Auch wenn du nur mit der Fingerspitze über irgendeinen Gegenstand streichst, und sei er noch so winzig, stößt du auf unzählige Geschichten. Die Fingerbeere ist das auf Details spezialisierte Organ. In Venedig steckt hinter jedem Detail eine Besonderheit: Du kannst nichts anfassen, das nicht von Anekdoten, Traditionen oder Eigentümlichkeiten jüngeren oder älteren Datums imprägniert wäre.

Die *salnitrai*, die Salpetereintreiber, waren mächtige Männer: Sie hatten das Recht, die Häuser der Bauern zu betreten und ihre Wände abzukratzen, ihnen den Putz zu zerstören, in den Zimmern die oberste Schicht festgestampften Boden abzutragen und so die Statik der Gebäude zu zerstören und ihnen die Fässer zu zertrümmern. Die Bauern versuchten sich zu wehren, so gut es ging, sie zahlten Schutzgeld, kratzten die Mauern selbst ab, pflasterten den Boden, damit sie ihnen nicht die Erde davontrugen. Dies ist nur ein Beispiel dafür, wie viel Venedig kostete, und dass es dafür benachbarte oder auch fremde Gegenden ausbeuten musste. Gianfranco Bettin hat mich darauf hingewiesen: »Um diese kleine Stadt zu erhalten«, sagte er, »bedurfte es der Serenissima Repubblica, ein Reich, das den halben Mittelmeerraum umfasste: Es wurde gehandelt, kolonisiert, geplündert, ausgebeutet.« Und dies ging so weit, dass man sogar den Bauern in ihren Behausungen das Ammoniaksalz von den Wänden schabte.

Wenn du den Arm nach oben ausstreckst, stößt du an die Decke der Durchgänge. Gehst du im Stadtteil Dorsoduro über den Ponte del Vinante, kannst du problemlos den Verputz über dem Durchgang berühren. Dort klebten vor vielen Jahren Kaugummis in allen Farben und Geschmacksrichtungen: versteinerte Lakritzkaugummis, vergilbte und tabakfarbene, daneben fluoreszierende Edelsteine in grellstem Erdbeerpink und grünschillerndem, radioaktivem Pfefferminz – ein Mosaik aus verhärtetem Kautschuk. Im Sommer 1993 habe ich mir die Mühe gemacht und sie gezählt, es waren 897. Vier Jahre später waren es 3128. Dieses beeindruckende abstrakte Mosaik, das zahllose mümmelnde Mosaikmeister in Hand- oder besser Kauarbeit angefertigt haben, hätte eigentlich unter Denkmalschutz gestellt werden sollen. Doch die Besitzerin der angrenzenden Wohnung hat es entfernen lassen. Es ist keine Spur davon übrig.

Erfrischen kannst du dich mit dem Wasser aus den Trinkbrunnen. Halte das Rohr vorne zu und lass drei Meter hohe Geysire aus dem kleinen Loch oben in der Mitte der Röhre spritzen.

Streichle verschmuste Katzen. Sie werden immer weniger in der Stadt, die frei herumstreunenden wurden gefangen und ins Tierheim gebracht.

Vielleicht möchtest du wissen, wie sich die Taue der Vaporetti anfühlen, die beim Anlegen, wenn sie gespannt werden, Klagelaute ausstoßen, doch der Lotse an Bord wird dir ein Zeichen geben, fernzubleiben. Sie könnten dir das Handgelenk aufschlitzen: Er selbst arbeitet mit einem Paar Handschuhen aus grobem Leder.

Also begnügst du dich damit, die seltsamen Metallpilze seitlich neben dem Vaporetto anzufassen, die Poller, auf denen die Taue aufgerollt werden, und ihre riesigen Verwandten an der Riva dei Sette Martiri, am Bacino di San Marco und die steinernen Zylinder an den Zattere. An ihnen werden die Schiffe mit großer Tonnage vertäut. An den *fondamente* hebst du neugierig schwere Ringe an, die am Boden festhängen und ins Pflaster eingelassen sind: Sie dienen zum Festmachen der Boote.

Halte dich an den Unterarmen der Gondolieri fest, wenn sie dir beim Einsteigen helfen. Zur Sicherheit stützt du dich auch auf den *brìcole* ab, den Pflöcken im Wasser, an denen die Gondeln festgemacht werden. Viele sind noch aus Holz, aber es gibt auch schon welche aus recyceltem Plastik, denen die Seitenhiebe der Boote nichts anhaben können. Eine *brìcola* aus Holz hält ein paar Jahre, dann wird sie morsch und brüchig; sie muss ersetzt werden, was ein kostspieliger Prozess ist. *Brìcole* aus Plastik sind eine durchaus ökologische Einsparung, denn in der Lagune gibt es ungefähr fünfzigtausend: ein Wald, der alle drei bis vier Jahre komplett abgeholzt würde. Klar, die *brìcole* aus Plastik sind starr, säulenartig, zu perfekt, zu glatt und gerade. Sie nehmen den Platz der traditionellen Pfähle ein, betreiben mit ihren Pseudofarben Holz-Mimesis. Ich habe eigentlich gar nichts gegen diese zeitgenössische heuchlerische »Als ob«-Variante. Vielleicht sind die *brìcole* die Vorboten einer umfassenderen Veränderung. Nach den *brìcole* kommen die *maségni* aus Polybutadien; dann die Ziegelsteine in großen Blöcken aus Methylacrylat, die Säulchen und gotischen Vierpässe aus Silikon, die Statuen aus Epoxidharz … Häuser, Ufermauern, Palazzi, Brücken: alles endlich stabil, unzerstörbar. So wird Venedig seiner eigentlichen Bestimmung gerecht, die bereits in seinen Ursprüngen begründet lag, seiner Entelechie: Die künstlichste Stadt auf Erde besteht nur noch aus Plastik.

Lass die Finger über die *forcole*, die Rudergabeln der Gondeln, gleiten, die am Heck emporragen. Die *forcola* ist anachronistisch, jedoch nicht, weil sie überflüssig wäre, im Gegenteil: Sie ist ein Gegenstand der Zukunft, der in der Vergangenheit entworfen wurde. Es ist, als hätte sie ein finnischer Designer des zwanzigsten Jahrhunderts entworfen, der in die Zeitmaschine geklettert ist und sie um Jahrhunderte zu früh an der Gondel befestigt hat.

Sieh genau hin, wie das Ruder die *forcola* berührt: Ihre Krümmung, Einbuchtungen und Mulden ermöglichen ein Dutzend Arten, es in verschiedenen Winkeln aufzusetzen, abzustützen und einzulegen. Ein einziger Ruderer, mit einem einzigen Ruder auf nur einer Seite würde mit jedem anderen Boot der Welt ein komisches Bild abgeben und sich fortwährend im Kreis drehen. Auf einer Gondel aber, und dies hat auch mit dem asymmetrischen Schwerpunkt des Fahrzeugs zu tun, gleitet er in gerader Linie dahin, kann zurücksetzen, bremst, kommt plötzlich zum Stehen, fährt diagonal, macht eine Kehre im rechten Winkel, behält stets das Gleichgewicht, besänftigt die Wellen. Das Ruder klatscht ins Wasser, tätschelt es, schaufelt und gräbt sich hinein, durchschneidet, knetet und schlägt es, rührt darin wie ein Kochlöffel, stemmt sich wie ein Brecheisen dagegen. Das Ruder sticht schräg hinein, wendet sich und kommt dicht über der Oberfläche fast horizontal wieder aus dem Wasser, doch wenn es notwendig ist, taucht es auch ganz tief senkrecht darin ein, dreht sich ruckweise auf wenigen Quadratzentimetern wie ein Schraubenzieher und schiebt dieses zwölf Meter lange schwarze Ungetüm an, sodass es sich voller Eleganz aus einer unfassbar schmalen Lücke zwischen zwei Booten windet.

Umberto Boccioni hat sich nichts aus den Fingern gesogen: Seine *Urform der Bewegung im Raum* ist eine Statue, die einen Körper in Bewegung darstellt, scheint aber ein Konglomerat aus *forcole*, aus Gondeldollen. Ein Mann wirft beim Gehen Muskelpakete in den Raum, lässt sie gleichsam hinter sich zurück. Er ist Träger der Bewegung, die somit ein Körper mit gesteigertem Volumen ist, wie die übereinandergelegten Diapositive eines Spaziergangs, eine Abfolge ineinander verstrickter Schritte, ein Nachleuchten auf der Netzhaut. Wenn du Boccionis Statue vor dir hast, glaubst du, dass auch die *forcola* fest ist und sich zugleich bewegt: eine Bewegung, aus dem Blickwinkel der Unbeweglichkeit erzählt. So müsste man sie prüfen, die Statuen dieser Welt, müsste sie statt der *forcole* hinten am Heck der Gondeln aufstellen, um alle Positionen des Ruders auszuprobieren und alle Richtungen der Kunst zu entdecken.

Vogare, das Rudern mit der Gondel, ist auch deshalb schwierig, weil das Ruder nicht fest in der Rudergabel aufliegt. Wer also unerfahren ist, dem kann es passieren, dass das Ruder aus der Gabel springt und er wegen des Schwungs, den er in die Bewegung gelegt hat, das Gleichgewicht verliert und nach vorne stürzt. *Brutta figura* garantiert! Die Gondolieri sind fast alle Männer. Erst 2010, nach etlichen Querelen um die Zulassung, nach Sexismus-Vorwürfen und Polemiken, wurde von der Kommission, die über das Gondelwesen entscheidet, erstmals eine Frau als Gondoliere zugelassen, Giorgia Boscolo. Ein epochales Ereignis für die Stadt und darüber hinaus: Es war in den Medien auf der ganzen Welt zu lesen.

In der Ca' Franchetti, dem Sitz der Stadtverwaltung Venedigs, steht auf einer Gedenktafel: »Hier wurde im Jahr 1646, am 25. Juni 1678, Elena Lucrezia Piscopia geboren, die erste Frau der Welt, die einen Doktorgrad erhielt.« Die Tafel befindet sich in der Nähe der Gondel-Anlegestelle, wo Giorgia Boscolo ihre ersten Berufsjahre absolvierte.

Warum ist eine Frau, die eine Gondel steuert, so etwas Außerordentliches? Was für eine sprunghafte Bewusstseinsveränderung war dafür notwendig? Welches Tabu verletzt eine Frau am

Gondel-Steuer? Der Gondoliere ist eines der traditionellen Symbole männlicher Verführung – darf daran nicht gerührt werden?

Eine Antwort findest du vielleicht in dem Text eines der bekanntesten Lieder in venezianischem Dialekt, die der Gondel gewidmet sind. Übersetzt lautet er so: »Ich bin der Gondoliere, der dich in der Gondel sanft wiegt, wenn das Ruder in der Gabel knarrt, so überdeckt es das Geräusch eurer Küsse … Achtet nicht auf mich, ich treibe still die Gondel an …« Der Gondoliere ist also nicht der Verführer, sondern der Komplize des Stelldicheins, derjenige, der dem Liebespaar behilflich ist, seine Hemmungen abzulegen. Dieses Lied beweist, dass die Macht gar nicht so sehr bei demjenigen liegt, der genießt, sondern bei demjenigen, der *es anderen ermöglicht, zu genießen*. Auf dem langen Weg zum tatsächlichen Mächtegleichgewicht der Geschlechter stellt die Amtseinführung von Giorgia Boscolo einen Meilenstein dar: Auch Frauen sind für die Lust aller zuständig, sie können sie kanalisieren, ohne sie notwendigerweise selbst zu empfinden oder zu erleiden.

Sieh dir an, wie die Gondeln ihren zentralen Ankerplatz verlassen, das Bacino Orseolo, neben der Piazza San Marco. Sie schlängeln sich millimetergenau zwischen Dutzenden anderen durch, ohne diese zu berühren, und die Gondolieri balancieren auf und ab, unterhalten sich dabei, grüßen, rufen einander etwas zu, achten gar nicht auf die niedrige Brücke vor ihnen, an der sie sich gleich den Kopf anschlagen werden: Im letzten Moment, fast ohne hinzusehen, ducken sie sich ein wenig, berühren die Unterseite der Brücke, kämmen sich mit dem Gewölbe aus Ziegelsteinen die Haare.

Die Gondolieri stellen beim Rudern ein Bein vor und das andere zurück; der hintere Fuß ruht auf einem winzigen Podest, einem Keil: Die Energie konzentriert sich erst auf die Ferse, dann auf die Sohle und die Zehen. Der ganze Körper arbeitet, beugt sich vor, stößt sich ab. Achte einmal darauf, wie der Körper eines Gondoliere in entspanntem Zustand aussieht, leicht affenähnlich: die Arme ein wenig nach vorn baumelnd, die Schultern gerundet, Nacken, Schulterblätter und Schlüsselbeine sehr ausgeprägt. Vom linken zum rechten Handgelenk zieht sich ein U aus Muskeln.

Auch du wirst im Fernsehen die Live-Übertragung der *Regata storica* miterlebt haben, Anfang September. Es gibt viele Regatten in der Stadt, vom Anfang des Jahres bis zu seinem Ende: von Epiphanias (die sogenannte *Regata delle befane*, bei der sich die Teilnehmer wie die Geschenke bringende Hexe mit Haube, Schal und weiten Röcken kleiden) bis Weihnachten. Ich habe an einer der ersten Veranstaltungen der *Vogalonga* teilgenommen, einem offenen Wettbewerb, an dem alle Arten von Ruderbooten und sogar Tretboote teilnehmen können. Mitte der Siebzigerjahre wurde sie ins Leben gerufen, um die städtischen Traditionen wiederzubeleben und gegen die Wellen der Motorboote zu protestieren, die andauernd Wasser gegen Ufermauern, Häuser und Palazzi schwappen lassen, was früher oder später für den Einsturz der Stadt sorgen wird. Ich war fünfzehn und Mitglied des Rudervereins Reale Società Canottieri Bucintoro. Es war meine erste und einzige *Vogalonga*, und ich ruderte nicht *alla veneziana*, sondern auf englische Art, auf einer Jolle für vier Personen, mit meinen Schulkameraden. Wir waren die Jüngsten und Ärmsten der Rudergesellschaft: Daher wurde unser Boot nach allen anderen zu Wasser gelassen. Wir kamen in allerletzter Sekunde am Startplatz an, waren zu weit hinten und hatten keine Zeit mehr, uns neben den anderen Jollen einzureihen: Wer auf englische Art rudert, muss, da er schneller ist, vor den traditionellen Booten losfahren, sonst kommt es zu unnötigen Staus. So aber steckten wir mit unseren Rudern, die horizontal die Wellen im Bacino di San Marco durchpflügten, schon bald in einem Chaos aus *gondolini*, *mascaréte*, *pupparini* und *sàndoli* fest, wie eine Spinne mit langen Beinen im Ameisenhaufen. Die *Vogalonga* ist die meistbesuchte Regatta des Jahres, es schreiben sich ungefähr siebentausend Ruderer und zweitausend Boote ein: Schon damals, in einer der ersten Veranstaltungen, waren es mehr als tausend.

Gegen Ende der Rennstrecke kamen wir an den beiden Fondamente des Canale di Cannaregio vorbei, wo sich die Leute drängten. Als ich zwischen all den Menschen auch das Gesicht des Mädchens erblickte, für das ich schwärmte, blieb mir fast das Herz stehen. Sie bemerkte uns inmitten des Bootsgewusels und applaudierte uns mit einer solchen Begeisterung, wie ich sie nie bei ihr vermutet hätte. Ich war furchtbar stolz, mich so in Aktion präsentieren zu können. Doch all meine Herzenszuckungen, all die Milchsäure und die Blasen an den Händen sollten nicht genügen, um sie für mich einzunehmen.

Als Ruderer im venezianischen Stil tauge ich nicht viel. Ich bin nur selten gerudert, und zwar immer am Bug: Da ist man nur der stumpfsinnige Antrieb und kann nicht die Richtung steuern. Vom Heck aus könnte ich aber gar nicht rudern. Als Jugendlicher habe ich einmal Freunde zum Lido und wieder zurück gebracht. Tags darauf lag ich im Bett, mit vierzig Grad Fieber, so erschöpft war ich.

Das Ruder-Erlebnis ist unvergleichlich. Scheinbar hat es viel mit Fahrradfahren zu tun: Auch hier ist der Fahrer Steuermann und sorgt zugleich für den Antrieb. Doch auf den flachen venezianischen Ruderbooten steht man und gleitet sanft dahin, ohne sich groß zu bewegen. Die Beine gehen nicht und treten auch nicht in die Pedale. Natürlich sorgen sie ebenfalls für Schwung, aber eher, indem sie sich versteifen und nur einen kurzen, kaum merklichen Impuls geben. Man beugt sich vor und streckt Arme und Hände aus, als wollte man einen Sprung vollführen. Beim Rudern auf englische Art dagegen entsteht die Kraft, indem man die Arme im Sitzen zu sich heranzieht. Beim venezianischen Rudern macht man das Gegenteil, die Arme werden kraftvoll vom Körper weggeschoben. Es ist eine doppelte geballte Faust ins

Gesicht der Welt, die man damit vielleicht nicht aus dem Weg räumt, aber zumindest elegant unter sich zurücklässt.

Es ist eine fossile Geste, die aus weit zurückliegenden Epochen stammt, die aber noch sehr lebendig ist. Rudern war eine tägliche Notwendigkeit. Heute übt sie ihren Zauber nur noch bei den Regatten aus, von den praktischen Zwängen entbunden, wie es etwa dem Übersetzen von Passagieren von einer Seite des Canal Grande auf die andere oder dem Touristentransport zu eigen ist, was einige Rudergemeinschaften übernommen haben, darunter insbesondere eine unter weiblicher Leitung. Es ist schön, wenn man sich gemeinsam mit anderen Kunden zum vereinbarten Zeitpunkt an der verabredeten Stelle einfindet; man hat keine Eile, wartet noch ein bisschen, sieht ein mit Gemüse und Obst beladenes Boot näherkommen, das von zwei sehnigen jungen Frauen gerudert wird, nachdem sie die ganze Lagune mit ihrer Fracht durchmessen haben.

Du versuchst noch einmal, die runden Brunnen zu umarmen, die mit Metalldeckeln versiegelt sind. Wenn du Schlagzeug spielst, musst du den Brunnendeckel auf dem Campo San Silvestro ausprobieren: Er hat ein Echo wie eine *steel drum* von den Antillen. Jeder Quadratzoll hat einen anderen Klang, hier volltönend, da dumpf, hier hell, da matt.

Ganz junge Schlagzeuger ziehen am 11. November, dem Martinstag, durch die Gassen. Sie gehen in die Läden hinein, klingeln überall, und hauen solange mit Kochlöffeln auf umgedrehte Kochtöpfe, bis sie Süßigkeiten und Kleingeld bekommen. Dabei singen sie einen Abzählreim auf die Melodie der Bersaglieri-Hymne:

San Martìn xe 'nda in sof ìta
a trovar la so' novìssa
so' novìssa no ghe gera
san Martìn col culo par tèra!

Sankt Martin ist auf den Dachboden gestiegen, um seine Verlobte zu besuchen, seine Verlobte war nicht da, da landete Sankt Martin mit dem Hintern auf der Erde! Was will uns dieses Liedchen sagen? Dass auch Heilige ein intensives Liebesleben haben, dass uns das Ewig-Weibliche hinan zieht, zum Dachboden hinauf, denn Liebe, das heißt, sich mit Himmel umgeben, und dass uns ohne die Verlobte nichts anderes übrigbleibt, als wieder in inzestuösen Kontakt mit Mutter Erde zu treten. Und all dies singen natürlich Kinder, Amoretten, Putten, die Einzigen, die das Geheimnis der körperlichen Liebe kennen: Schließlich sind sie, wie jeder weiß, aber nur ungern zugibt, die Sexualität, der Eros selbst: Sie sind die noch ungeborenen Wesen, die unsichtbar durch die Lüfte flattern und versuchen, den einen in die Arme einer anderen zu bugsieren, damit diese sie dann zur Welt bringt. Einmal bin ich auch einer Clique Fünfundzwanzigjähriger begegnet, Freunden von mir, die mit Kochlöffeln auf Töpfe einschlugen und das Martinslied sangen: als würden Erwachsene am Halloweenabend von Tür zu Tür ziehen und »Süßes oder Saures« einfordern. Sie waren alle arbeitslos und haben so ein paar Münzen zusammengeklaubt.

Neben der Basilica von San Marco, auf der Piazzetta dei Leoncini, kauern die Löwen aus Veroneser Marmor und lassen Kinder auf sich reiten. Deren Hände umgreifen die steinernen Ohren. Als kleiner Junge kletterte auch ich hinauf, es war ein verpflichtender Initiationsritus: noch vor Klettergerüsten, Karussellpferdchen und Ponys lernen die venezianischen Jungen und Mädchen den Gedanken kennen, dass sie im Leben Löwen bändigen müssen.

Auf der anderen Seite der Basilica kannst du dich der Versuchung hingeben, Maximian, Constantius, Diokletian und Galerius anzufassen: Das sind die Tetrarchen, vier römische Herrscher, die aus dunkelrotem, beinahe bronzen wirkendem Porphyr gehauen wurden; die Vierergruppe ist eines der ältesten Exponate der Stadt. Wenn du sie berührst, spürst du ein Kitzeln auf der Fingerspitze: Du hast soeben siebzehn Jahrhunderte durcheilt!

Zu Füßen der Fassade von Santa Maria del Giglio folgst du mit dem Finger dem Profil der Insel, die Venedig einst besessen hat, auf einem Relief aus weißem Stein.

Mach die Augen zu und lies mit den Fingern die Physiognomie der Statuen, die Basreliefs, die kannelierten Sockel und Simse und die in Gedenktafeln auf Augenhöhe eingravierten Buchstaben. Venedig ist ein Handlauf in Blindenschrift.

Gesicht

Vólto bedeutet auf venezianisch Maske, wie *persona* im Lateinischen. Anthropologen, die sich mit dem Karneval befassen, erklären dir, dass sich zwischen Epiphanias und dem Beginn der Fastenzeit die Welt auf den Kopf stellte. Der Sohn respektierte den Vater nicht mehr, man nahm das andere Geschlecht an, es war nicht mehr untersagt, sich über den König lustig zu machen. All dies diente dazu, die gesellschaftliche Ordnung zu bestätigen. Das Gesetz zu überschreiten, hieß, es zu feiern. Wenn man es ein einziges Mal brach, im Rahmen eines offiziellen Festes, kam dies der Anerkennung seiner Geltung während des ganzen restlichen Jahres gleich.

Vielleicht hast du ein bestimmtes Sittenbild vor Augen, wenn du an Venedig denkst: Zum ersten, was dir einfällt, wenn du den Namen der Stadt hörst, gehören die jungen Damen mit den silbernen Perücken und den künstlichen Schönheitsflecken, die von unsichtbaren Gestellen gespreizten Reifröcke, die kecken Fächer, die Galane, die Kniehosen, die Seidenstrümpfe, Casanova. Die Epoche, die sich in der Vorstellung von Venedig gegenüber den anderen durchgesetzt hat, ist das 18. Jahrhundert. Eine genusssüchtige, frivole, feierfreudige oder, wie es gern heißt, »dekadente« Gesellschaft. Doch der Karneval war nicht der bloße Ausdruck des venezianischen Charakters, er war ebenso sehr ein Anreiz für Fremde, neben vielen anderen Attraktionen: Theater, Oper, Sakralmusik in den Waisenhäusern, Cafés, Glücksspiel, Prostitution für alle Geschmäcker, Festivitäten. Wieso? In der Neuzeit hatte sich das geopolitische Schwergewicht vom Mittelmeer an den Atlantik verlagert. Wer dem Ozean nahe war, hatte das Sagen. Die europäischen Nationen erschufen weltumspannende Reiche – selbst dem kleinen Holland war es geglückt, sich eines zu kapern. Da es nicht genügend Meer oder Land besaß, zog Venedig in eine andere Dimension um. Venedig gründet das Reich des Spektakels, wird zur Hauptstadt des Imaginären. Abgesehen von den sonstigen Vorzügen ermöglichte es einem der Karneval, inkognito herumzulaufen: Ohne die Familienehre zu kompromittieren, konnten junge Adelige aus anderen Gegenden hierherkommen und sich vergnügen. Und Vergnügen bedeutete Verschwendung: Der Karneval garantierte Lieferanten, Schneidern, Dekorateuren, Köchen, Musikern, Akrobaten, Sängern und anderen Unterhaltungskünstlern ein Einkommen.

Und doch – obwohl es angesichts des Rufs, den die Stadt heute hat, unglaublich scheint – war Venedig eine sittenstrenge, wenn auch nicht moralinsaure Stadt. Das versteht man, wenn man sich die Komödien Carlo Goldonis anschaut. Die jungen Menschen sehen da Leute, die zechen, Wetten eingehen, das Vermögen ganzer Familien verschwenden. Warum sollten sie es nicht ebenso machen? Die Eltern entrüsten sich. Aber wie soll man anständig bleiben, wenn man gerade in Las Vegas angekommen ist?

In meiner Jugend habe ich die Wiedergeburt des Karnevals miterlebt. Den Impuls dazu gab 1980 die Theater-Biennale. Neben diversen Spektakeln und Festen wurden auch ein paar Lautsprecherboxen auf die Piazza San Marco gestellt, aus denen vom Karnevalsdonnerstag bis Karnevalsdienstag Popsongs erklangen, einfach so. Uns kam das unglaublich vor. Discos gab es in der Stadt keine; das Verlangen, gemeinsam zu tanzen, war sehr groß. Viele schneiderten sich extra ein Kostüm. Ein paar Jahre lang, bevor er dann touristisch wurde, waren die Venezianer sehr in den neuen Karneval involviert; es war auch eine Gelegenheit, kreativ zu werden und originelle Verkleidungen zu entwerfen. Ich besuchte damals das Gymnasium. Einmal ging ich als Espressokanne verkleidet. Das Kostüm zu basteln dauerte zwei Wochen.

Ich schaute mir genau an, wie so eine Kaffeekanne aufgebaut war und welche Maße sie hatte. Dann kaufte ich dicken Pappkarton, schnitt ihn mit einem Teppichmesser zu trapezförmigen Scheiben zurecht und bastelte mir einen achteckigen starren Rock – das Unterteil der Kanne mit dem Wasserbehälter. Um die Taille schlang ich einen breiten Ring, darüber trug ich die sich nach oben verbreiternde eigentliche Kanne, spiegelbildlich zu dem Wasserbehälter-Rock. Auf dem Kopf saß der ebenfalls achteckige Deckel, groß wie ein Sombrero, aber ein kantiger. Alles war in Alufolie gehüllt, mit Ausnahme des aus schwarzem Karton gefertigten Knaufs zuoberst. Es war ein ziemlich starres und auch schweres Kostüm; meine Mutter nähte mir eine Art Gurt, wie Hosenträger, damit nichts wegrutschte, mein Bruder zeichnete das Firmenmaskottchen, das Männchen mit dem Schnauzbart, und das Firmenlogo, das klebte ich unten an die Kanne. Ich hatte ein rußiges Gesicht, ich war ja schließlich der Espresso. Mein rechter Arm steckte in einem schwarzen Ärmel, ich hielt ihn angewinkelt, damit es aussah wie der Henkel der Espressokanne. Das Kostüm hatte großen Erfolg: Ich fand mich auf der Piazza wieder, umgeben von lauter ausgelassen tanzenden Gestalten, immer mehr Leute scharten sich in immer mehr konzentrischen Kreisen um mich. In einer Zeitung wurde ein Foto veröffentlicht, auf dem das Logo deutlich zu erkennen war. Mein Vater kam auf die Idee, eine Kopie davon an die Firma zu schicken. Ein paar Wochen später kam ein Dankschreiben, unerwarteterweise begleitet von einem kleinen Scheck.

Geht man durch Venedig, trägt man das eigene Gesicht als das spazieren, was es in Wahrheit ist: ein öffentlicher Ort. Es ist eine Stadt, in der es so etwas wie Privatsphäre nicht gibt. Ständig läuft man sich über den Weg, man grüßt sich siebenmal am Tag, spricht auch im Fortgehen noch weiter, ruft sich nach zwanzig Metern noch etwas zu, mitten im Gedränge. Die gegenüberliegenden Fenster einer Gasse sind einen Meter voneinander entfernt. Es ist schwierig, etwas versteckt zu tun, ein Doppelleben zu führen, den privaten Umgang, Liebschaften, Perversionen oder heimliche Sudoku- oder Schiffeversenken-Turniere zu verbergen.

Wenn du hier wohnst, bekommst du Lust, einen befreienden Spaziergang zu machen und dich selbst zu Hause zu lassen, zu bummeln, um ein wenig Abstand zu dir selbst zu bekommen. Vergiss also dich und deine Gedanken. Tritt einfach aus der Tür und blicke dich um. Du möchtest, dass die Umgebung für dich denkt und dir eine Reihe von Bildern präsentiert, die du betrachten kannst, Geräusche, Gerüche, Szenen, die du nur zur Kenntnis zu nehmen brauchst – doch dann grüßt dich plötzlich jemand, ruft dich beim Namen, gibt dich dir selbst zurück, erinnert dich daran, wer du bist.

Wenn ich in Venedig umherstreife, kommt es mir vor, als würde ich mich in unterschiedliche Schichten einer Tiefenzeit hinabbegeben, die ich hier durchlebt habe; ich wandere erneut durch die geologischen Schichten meiner Identität. Es tauchen alte Kameraden aus dem Katechismusunterricht vor der Erstkommunion auf, aus der Grundschule, von den Pfadfindern; sie nennen mich noch bei dem Spitznamen von früher. Ich begegne Gesichtern, die anderen Epochen meines Lebens angehören. Wir sind uns schon seit Jahrzehnten nicht mehr über den Weg gelaufen, unsere Beziehung von einst ist auf ein einsilbiges »Ciao« zusammengeschrumpft. Und doch enthält dieser winzige Laut eine Fülle von Dingen: »Du bist nicht nur hier«, sagt mir dieses Wörtchen, »du existierst nicht nur in der Gegenwart. Du trägst das, was war, mit dir herum. All die Jahre, die jetzigen und die einstigen, wimmeln gleichzeitig um dich herum.« Ich gelange ans Ende einer Gasse, will abbiegen: Was erwartet mich hinter der Ecke? Werde ich meine Zukunft treffen oder meine Vergangenheit?

Henry James hat Venedig als Innenraum beschrieben, als Wohnung aus Fluren und Salons: Man bewegt sich stets im

Innern, ist niemals wirklich draußen, nicht einmal auf der Straße. Offensichtlich entsprang die venezianische Leidenschaft für die Maskerade der Sehnsucht nach der eigenen Identität, nach dem intimen Zusammentreffen mit sich selbst. Denn dies ist eine Stadt, in der einen das öffentliche Leben zwingt, sein wahres Wesen an die Oberfläche zu bringen und auf dem Gesicht zu tragen, es von innen nach außen zu kehren. Auch du wirst zur Figur, leicht karikiert, eine Stilisierung deiner selbst.

Arlecchino, Pantalone, Colombina sind Typen von der Straße, immer wieder werden sie aus sich herausgesogen, als wären sie damit beschäftigt, ihre gesamte körperliche Gestalt mit einem Tattoo von Kopf bis Fuß nachzuzeichnen. Sie leben auf der Oberfläche ihres Körpers. Alles, was sie vorhaben, erzählen sie dir auch. Jeden Hintergedanken teilen sie dir mit. Sie verheimlichen dir keinen doppelten Boden. Ohne Zurückhaltung handeln sie vollkommen übertrieben: Appetit wird zum Heißhunger (Arlecchino), Ehrgeiz ist Habgier (Pantalone), Liebe dagegen süßliches Zuckerwerk (Colombina). Zwischen Motiv und Ausführung gibt es keinen Filter. Sie benehmen sich komisch, bringen einen zum Lachen, scheinen oberflächlich und sind es doch keineswegs. Sie verkörpern das, was mit unserem ureigenen Wesen passiert, wenn man es zwingt, seine geheimen Schlupfwinkel zu verlassen, an die Oberfläche zu wandern und für immer dort zu leben. Jede dieser Figuren besteht nur aus ausdrucksvollen Gebärden, aus Redensarten und Zänkereien, muss sich unablässig mit anderen messen. Ihre Masken sind kein zusätzliches Gesicht, keine weitere Identität oder gar eine scheinheilige Fratze: Es sind Verdickungen des Antlitzes, gewissermaßen Gesichtsschwielen. Je mehr sie sich bemühten, ihre öffentliche Rolle abzustreifen, umso ledriger wurde ihre Haut.

Was geschieht mit der Seele, wenn sie an die Haut gekettet und nach draußen aufs Gesicht verbannt wird, wenn sie gezwungen ist, sich in jedem Augenblick zu äußern? Die Commedia dell'arte und die Maskenkomödien Goldonis sind keine lustigen Farcen, sondern Tragödien der Oberfläche.

Von den vielen traditionellen Karnevalsmasken möchte ich dich nur an eine erinnern, es ist eine für Frauen, die ihnen allerdings ziemlich übel mitspielt: Die *moréta* ist ein schwarzes Oval, das nur die Augen freilässt. Die Maske wurde nicht festgebunden, sondern mit den Zähnen gehalten; dazu musste man auf eine Art Knauf, einen Knopf auf der Innenseite, in Höhe des Mundes, beißen. Auf diese Weise waren die Trägerinnen gezwungen zu schweigen.

Eine Minimaske dagegen, auch sie für Frauen, war das Schönheitspflästerchen, *moschéta*, kleine Fliege, genannt, und sie wurde nicht benutzt, um etwas zu verbergen, sondern um eine Stelle des Gesichts oder Ausschnitts hervorzuheben, als wäre das Fleisch dort verbrannt, wo Augen durch die Linse des Begehrens darauf geblickt hatten.

Läden, in denen Karnevalsmasken hergestellt oder verkauft werden, gibt es unzählige, in jeder Preislage und Qualität. Die aus Pappmaché sind die teuersten; um sie herzustellen, braucht es Zeit und Kunstfertigkeit, und es sind die einzigen, die noch auf traditionelle Weise gefertigt werden. Wenn du dir Masken aus anderen Materialien andrehen lässt – aus gepresstem Karton oder Keramik – solltest du wissen, dass sie oft ziemlich empfindlich sind, wenn nicht gar unbrauchbar; es sei denn, man hängt sie sich einfach nur an die Wand.

Was ist die Hauptstadt des Karnevals? Rio, Viareggio, Venedig? Und welches Fest sollte man in der Lagune während der fünf Tollen Tage nicht verpassen? Entspann dich, gib's auf, dir immer zur falschen Zeit am falschen Ort vorzukommen. Ich werde dir sagen, wo du hingehen musst, wie du zur richtigen Adresse gelangst. Geh aus dem Haus, in deiner eigenen Stadt, an einem beliebigen Tag. Es wird überall gefeiert! Zu jeder Stunde finden Umzüge in den Straßen statt. Schau nur, die Kostüme:

aus Blech, Scheinwerfern und Reifen, die Karosserien verhüllen den ganzen Körper, nicht nur das Gesicht, sie treten an die Stelle der Person. Der Geist des Karnevals hat seine Wurzeln in der städtischen Bevölkerung, und so hat jeder sein Autokostüm für die Parade und seine eigene Karnevalsmusik, die aus dem Autoradio dröhnt, jeder nimmt am allgemeinen Trubel teil, drückt fröhlich auf die Hupe und bringt im Auspuff Knallfrösche zum Platzen. Man lässt sich zur Redeweise einer besoffenen Tischgesellschaft herab, beleidigt den Nachbarn auf der anderen Spur, flucht bei den Toten und der eigenen Mutter, beschimpft einmütig den Zeremonienmeister mit den weißen Handschuhen und der Trillerpfeife; Regeln werden missachtet, es triumphiert die Grenzüberschreitung, das Universum funktioniert nun auf dem Kopf stehend. In Venedig dauert der Karneval nicht lange, nur ein paar Wochen. Der Rest der Welt verkleidet sich vom ersten Januar bis zum 31. Dezember im Straßenverkehr, als Autos und Lastwagen kostümiert.

Außer am Piazzale Roma und hinter Santa Marta gibt es in Venedig keine Spur von Autos. Der Reiche und der Arme gehen zu Fuß, ganz ohne ausgestellte Einkommenserklärung auf Rädern. Sind die venezianischen Straßen also demokratisch? Oder verhüllen sie nur die sozialen Ungleichheiten? Beides trifft zu. Aber wenn du Lust hast, kannst du dich ein paar Stunden lang als großer Herr ausgeben, ohne eine Limousine mieten zu müssen. Es ist einfacher zu betrügen und zu verführen, zwei Wörter, die ein und dasselbe bedeuten. Venedig, die ideale Stadt für abgebrannte Casanovas.

Inzwischen sind Gesichter der Männer und Frauen jedweder Ethnie und Provenienz überall zu sehen. Ich kann mich noch an ein unglaubliches Erlebnis in einem unterirdischen Gang beim Umsteigen in der Londoner U-Bahn erinnern: Neben mir schoben sich Tausende von Fahrgästen vorbei, die in die Gegenrichtung unterwegs waren; innerhalb weniger Minuten zog die gesamte Menschheit auf einmal an mir vorüber: ein unablässiger Strom von Gesichtern aller Arten, aller Herkünfte, aller Stimmungen.

Die europäischen Reisenden, die in früheren Zeiten Venedig besuchten, waren auch davon hingerissen: von den unterschiedlichsten Gesichtern, die sich da auf engstem Raum drängten. Ein Kapitell am Dogenpalast, das sechste von der Ecksäule an gerechnet – neben demjenigen mit der betrüblichen Geschichte des trauernden Elternpaars – zeigt die Beschaffenheit der unterschiedlichen Ethnien. Auf den acht Seiten sind Lateinisch, Tartarisch, Türkisch, Ungarisch, Griechisch, Gotisch, Ägyptisch und Persisch in Stein gehauen. Es wirkt wie ein Lexikon, mittels dessen man auf einen Blick erkennen konnte, woher die Kaufleute stammten, die über die Piazza schlenderten.

Der deutsche Humanist Nathan Chytraeus regte gegen Ende des 15. Jahrhunderts an, sich zu der Seite der Piazza San Marco zu begeben, die aufs Ufer hinausgeht, unter die Säule mit dem geflügelten Löwen, *um alle Formen des Menschengeschlechts kennenzulernen*. Er sprach von *cultus*, Gebräuchen, Menschenkunde. Hier die Übersetzung eines Abschnitts aus seinem Reisebericht aus Venedig, dem *Iter Venetum*, geschrieben in lateinischen Hexametern: »Willst du die Verschiedenheit der menschlichen Gebräuche kennenlernen, begib dich zu jenem Platz, der sich neben der Kirche des Heiligen Markus auftut, dort, wo der höhnisch dreinschauende geflügelte Löwe von oben herab über die Wellen der adriatischen See wacht. Hier findest du Menschen aus aller Herren Länder: Äthiopier und Türken, Slawen und Araber, Syrer und Bewohner Zyperns, Kretas, Makedoniens und unzählige weitere, die aus allen Himmelsrichtungen kommen; es mag dir wohl auch geschehen, dass du welche siehst, von denen du noch nie gehöret hast. Wollte ich sie dir mit diesen schwachen Versen beschreiben, so täte ich besser daran, dir eine Liste zu schreiben mit den Seeleuten, ihren pfeilschnellen Schiffen, und von all dem

Fischgetümmel, welches da lebet in der Thiefe des Adriatischen Meeres.«

Charles Kelsall, ein englischer Reisender, zugleich Architekt, zitiert zu Beginn des 19. Jahrhunderts diesen Ausschnitt, macht aus *cultus* aber *vultus*, Gesicht. Ein hübscher Druckfehler. Hier unter Einbeziehung beider Varianten eine Version, die sich von Chytraeus' Version leicht unterscheidet:

Willst du wirklich wissen,
wie es ist beschaffen,
unser menschliches Geschlecht,
wie der Erdbewohner Fratzen
aussehn, ihre Mienen und Grimassen,
ihre Schnauzen, mürrisch und gereizt,
ihre Lippen, ganz geschwollen
das Schwabbelfett gestrafft
vom Messer und den Spritzen,
die Fetzen, die gerafft sie tragen,
auch mal zerrissen, aber voller Schick,
auf stark venösen Polstern,
angetan mit goldnen Ketten
auf der dicht bepelzten Brust,
die langbezehten Füße
in schiefe Sandaletten sind gesteckt.
Nur einen Ort auf Erden wirst du finden,
wo alle geben sich ein Stelldichein:
gleich neben Markus, heiliger Held,
dort, wo ein seltsam Tier
– halb Löwe und halb Taube –
sich lümmelt ganz weit oben,
auf der Säule vorn am Wasser, sieh!
Von dort oben überblickt es
Die Menschen, die der Globus hergeweht,

sie ballen sich auf der Piazzetta,
Proleten, MILFs und ihresgleichen
Lauter Trash und Deppen: muskelprall und dumm
Abgehobne, Typen ohne Style –
Wenn alle ich in Verse presse,
dann sprengen sie die Seite,
wenn alle ich euch soll beschreiben,
da macht ich schneller euch 'ne Liste
von Bakterien, Keimen, Läusen,
die in Scham und Achsel hausen,
da zählt ich schneller für euch auf
die fixen Boote und die Riesenschiffe,
die rammen bald die Stadt Venedig ganz entzwei.

Ohren

Du musst dich an die Stille und den Lärm gewöhnen. Ganz plötzlich kommst du von einem in Watte gepackten Hof zum Canal Grande mit seinen Fahrgastschiffen, von der einsamen Gondel zur Serenaden-Flotte, bei der Akkordeon gespielt wird, Touristen rhythmisch in die Hände klatschen und die von vielen *ombre* raue Stimme eines Baritons zu hören ist. Die Gondolieri haben eine in der Kehle eingebaute Hupe: Eine Gondel, die näherkommt, macht keinen Lärm, und daher rufen sie, wenn sie um eine Ecke biegen: »Òeh, pòpe!« Damit ist kein orthodoxer Priester gemeint, sondern der Ruderpunkt am Heck. Es gibt Spiegel, die Zusammenstöße vermeiden sollen, und Verkehrsschilder für Boote.

Ein Freund von mir hatte einmal einen wichtigen Termin und war sehr spät dran. Also tat er etwas, was ein Venezianer aus guten Gründen eigentlich nie tut: Er nahm ein Wassertaxi. »Bringen Sie mich so rasch wie möglich zum Bahnhof!«, rief er, als er an Bord sprang. »Schneller, schneller!«, feuerte er den Bootsführer an. Dieser stand am Bug des Fahrzeugs vor der kleinen Kommandobrücke und steuerte, doch das Boot wurde nicht schneller. »Ja, sagen Sie mal!«, protestierte mein Freund. Ohne sich aus der Ruhe bringen zu lassen, wies der Fahrer mit dem Kinn auf ein Verkehrsschild am Ufer, auf dem die Höchstgeschwindigkeit stand: fünf Stundenkilometer. »Da wäre ich ja zu Fuß schneller gewesen«, dachte mein Freund und biss sich auf die Lippe. Die Schilder mit den Geschwindigkeitsbegrenzungen scheinen aus einer anderen Epoche des Automobilismus zu stammen: Auf dem Canal Grande sind nicht mehr als sieben

Stundenkilometer erlaubt, im Bacino di San Marco und auf dem Canale della Giudecca elf. Nachts schießen private Schnellboote in die Lagune, immer wieder kommt es zu Zusammenstößen, oder sie prallen auf eine massive *brìcola*; es gibt tödliche Unfälle.

Polizisten, Taxifahrer, Kranken- und Bestattungstransporte fahren mit Schnellbooten durch die Gegend. Dies führt bei denjenigen, die nicht wissen, wie diese Stadt funktioniert, zu krassen Reaktionen. Ein Feuerwehrboot schießt vorüber, um in den Flammen eingeschlossene Menschen zu retten, und die Touristen lachen. Wenige Minuten später sorgt die Jolle eines Krankenwagens für riesige Wellen, um so rasch wie möglich den Brandopfern beizustehen, und die Touristen lachen. Ein paar Tage danach fährt eine kleine Trauerbarkasse vorbei, um die Todesopfer des Brandes zur Friedhofsinsel zu transportieren, und die Touristen lachen. Worin besteht wahre Exotik? Darin, dass jemand dich ansieht, aber nicht bemerkt, was wirklich mit dir los ist, und nur auf dein Äußeres achtet.

Wenn du wissen möchtest, wo die roten Rettungsboote der Feuerwehr mit den an Bord befestigten Wasserspritzen sind, so findest du sie unter den Bögen der zentralen Feuerwache verankert, bei der Ca' Foscari.

Die Sirenen lassen die Schiffe ins Weite wachsen, dehnen den Hafen in die Lüfte aus.

Nachts wecken dich die Reibereien der Katzen. Sie fordern einander zum Duell heraus, fauchen sich an, miauen, weil sie rollig sind. Die Katzen schleichen sich fort, Hunde knurren, Mäuse verkrümeln sich: Gegen Mitternacht kommen die *pantegane* hinaus auf die Gassen, knabbern die Müllsäcke vor den Häusern an, die die Touristen unwissentlich dort hingestellt haben. Die *pantegane* springen ins Wasser, durchqueren Kanäle, um an Abfälle zu gelangen. *Pantegana* kommt vom lateinischen *mus ponticus*, es sind Wanderratten; im Mittelalter haben sie in den mit Waren beladenen Galeeren vom Schwarzen Meer die Pest herübergebracht, die durch den Biss ihrer Läuse übertragen wird. Die Chiesa del Redentore auf der Giudecca und die Kirche Madonna della Salute sind Tempel, die dem Sieg über die pestbringenden Ratten geweiht sind, Monumente zu Ehren der Entrattung.

Nimm die Gedichte Pascolis zur Hand, um selbst zu erleben, wie genau er die Vogelsprache aufgezeichnet hat. Aus den Gärten ertönt an den Abenden im Frühjahr und im Sommer eine monotone Note, der immergleiche Klang. Was ist das? Die Diebstahlsicherung eines Baumes? Hat jemand ein Nest geraubt? Wurde ein Vogelküken misshandelt? Es ist der Ruf der Zwergohreule, die ihr »kjuu« ertönen lässt. Es ist eine winzige Eule, erinnert mal an eine Waldohreule, mal an einen Steinkauz; vor Kurzem ist sie wieder in Venedig aufgetaucht. Turteltauben haben nur einen Vokal, das *U* gelernt, sie grüßen sich mit Namen. Alle heißen sie Turturu. Grasmücken, Amseln, Mauersegler, Stare, zwitschernde Wesen, nicht genau identifizierbar, Okarinennester, Zweige voller Pfeilchen, willkürliche Pfiffe mit Krallen daran. Nachtigallen sind immer seltener zu hören. Ich weiß noch, dass mein Vater sich mit den Männchen in der Balz immer einen Spaß erlaubte. Er stellte ein Aufnahmegerät aufs Fensterbrett im dritten Stock, direkt gegenüber von der großen Steineiche, in der ein Nachtigallenhahn sich in die Brust warf, um bei den Weibchen Eindruck zu schinden. Mein Vater betätigte die Aufnahmetaste, nahm den Gesang des kleinen Vogels auf Band auf, spulte dann zurück und spielte es mit voller Lautstärke in Richtung Baum ab. Das zwischen den Zweigen versteckte Nachtigallenmännchen verstummte urplötzlich, es erkannte die eigene Stimme nicht und glaubte, es mit einem Rivalen zu tun zu haben, der ihm das Terrain streitig machte. Dann begann es noch lauter als vorher zu singen, im Duell mit der eigenen Stimme. So ist es oft: Wir verschwenden Zeit und Energie im Kampf, ohne zu wissen, dass die mysteriösen Feinde, auf die wir voller Vehemenz losgehen, niemand anders sind als wir selbst.

Wenn sich ein Taubenschwarm in die Luft erhebt, rauscht es wie beim Anlassen eines lahmen Motors, wie ein Gang, der sich nicht einlegen lässt. Lautlos klauen dir die Spatzen Kartoffelchips, während du im Freien einen Aperitif trinkst.

Im Sommer sind Zikaden mit ihren winzigen Sägen die Spioninnen, die die Lage der zwischen den Häusern eingezwängten Gärten signalisieren. Es gibt nicht nur Menschen, die das Privileg haben, in Venedig zu wohnen, nein, manche haben auch noch einen Garten.

Die Fischhändler werfen Fische in die Luft, schwerelose Sardinen und Fettfisch – die Möwen verschlingen sie im Flug, während sie kreischend über den Marktständen am Campo Santa Margherita flattern. Am Rialto warten sie darauf, dass der Fischmarkt abgebaut wird, um einen Leckerbissen zu ergattern. Auf der Insel San Michele bemerkst du zwischen den Grabsteinen am Boden struppige Strohhäufchen, die von großen grünen Steinen gekrönt werden. Du trittst näher: Es sind Eier im Nest; auf dem Friedhof lebt eine Kolonie Silbermöwen. Schlohweiß und furchtlos, Dämonen aus der Unterwelt, geboren im Reich des Todes.

Du hast ein Glas Wein und einen Tramezzino bestellt, an dem du an eine Mauer am Ufer gelehnt knabbern wirst. Plötzlich verdunkelt dir ein Schatten die Sicht, ein rundliches Etwas stürzt sich auf dich und raubt dir den Happen. Du hast Glück gehabt, dass es dir nicht die Hand verletzt hat mit seinem Harpunenschnabel. Die Silbermöwen sind inzwischen äußerst geschickt und gerissen. Sie schlitzen Tauben den Bauch auf, aber nicht aus Hunger, sondern weil sie ihre symbolische Macht unterstreichen wollen. Sie wollen die Tauben ersetzen, sie sind die neuen Ikonen der Stadt, die Wappentiere der kommenden Epoche; sie kündigen schreckliche Zeiten an. Sie sind die neuen Ratten der Lüfte. Sie zerfetzen die Müllsäcke. In Venedig gibt es kaum Müllcontainer: Abfälle werden direkt den Straßenkehrern übergeben oder frühmorgens in ihre von Hand geschobenen Karren geworfen.

Der Inhalt wird in große Lastkähne geleert, die den Kehricht, leere Flaschen und Papierstapel in ihrem Inneren zermalmen. Die Touristen lachen.

Die Straßenkehrer halten die Stadt mit bloßer Muskelkraft sauber; es gibt keine andere Möglichkeit, Geräte lassen sich keine benutzen, außer dem Reisigbesen. Vor Jahren flog einmal ein Drückeberger auf, weil er zu wenige abnutzte.

Schau hinaus auf den Canal Grande: die Transportboote sind mit Speisen und Getränken für die Restaurants beladen, aber auch mit den Wäschepaketen für die Hotels, mit Zementsäcken und Baumaterial für Sanierungen – und mit Abfällen. Gondeln müssen sich in dem Gewühl aus Vaporetti und den Motorbooten der Taxis behaupten. 2013 starb ein deutscher Tourist beim Zusammenstoß einer Gondel mit einem Vaporetto; daraufhin wurde der Verkehr auf dem Canal Grande strenger geregelt. Es war ein entsetzlicher Unfall, und besonders traurig, wenn man bedenkt, dass er in den Ferien, in einer eigentlich sorglosen Zeit, passierte. Bedenke jedoch auch, dass in Venedig bereits ein Toter genügte, damit das Verkehrssystem neu geplant wurde, während überall – leider – Hunderte von Fußgängern von Autos überfahren werden, ohne dass dadurch eine Diskussion in Gang käme, wie wir unser Leben organisieren wollen. Wäre doch die ganze Welt so fragil wie Venedig und würde dadurch zum Sich-Hinterfragen, Überlegen, Umdenken gezwungen, sobald etwas Schlimmes passiert.

In der Lagune verlaufen unsichtbare Straßen im Wasser. Das sind die schiffbaren Kanäle. Eine Doppelreihe massiver senkrechter Holzpfähle zeigt den Schiffen den Weg. Sie müssen genau in dieser Rinne fahren, sonst geraten sie ins Seichte. Die Möwen ruhen sich auf diesen Pflöcken aus, jede hat ihr eigenes Reich von wenigen Quadratzentimetern.

Auf der Wasseroberfläche sind seltsame Luftbläschen zu sehen. Wer schnappt dort unten nach Luft? Ein Lebewesen? Oder ist es der Gärschlamm, dessen Gase aufsteigen? Das Wasser zittert einen Augenblick, sein tiefer Schlaf wird vom Flossenschlag eines Seebarsches erschüttert, vom Zucken einer Meeräsche.

Gehe die Rialtobrücke zum Markt hinab. Schließe die Augen beim Gehen; lausche dem babylonischen Sprachengewirr der Touristen aus aller Welt auf nur fünfzig Metern einer Gasse.

Die Rädchen der Rollkoffer sind der Soundtrack unserer touristischen Gegenwart. Doch hier ist das Räderrollen schon immer Teil des Alltags: Egal welchen Gegenstand man transportiert, es braucht dafür einen großen oder kleinen Karren. Der auffallendste ähnelt dem Metallgestell eines Bettes. Er hat eine Art Fußteil, damit die Transportgüter nicht herunterrutschen, und ruht auf zwei Beinen und zwei Rädern, groß wie die Reifen einer Vespa. Auf der einen Seite befinden sich die beiden Haltegriffe, um den Karren schieben und so neigen zu können, damit er rollt. Auf der anderen Seite laufen zwei Streben in zwei Rädchen aus, diese dienen dazu, den Karren über die Stufen der Brücken zu hieven; dank eines ausgeklügelten Hebelsystems, dank Anheben und Vorwärtsdrücken, lassen sich so auch schwere Möbel transportieren. Ich habe viele Umzüge mit diesen Handkarren gemacht, meine eigenen und die von Freunden; ich habe sie mir beim Tapezierer, beim Weinhändler oder Pfarrer ausgeliehen. Heute gebrauchen sie vor allem Gepäckträger und Transportunternehmen.

Wie viele europäische Sprachen ist das Italienische im Grunde genommen noch dem Mittelalter verhaftet: Noch heute sind Wörter und grammatikalische Funktionen gebräuchlich, die für eine Gesellschaft von Kunsthandwerkern, Bauern und Kaufleuten gedacht waren; inzwischen sind Flugzeuge, Plastik, Elektronik und die Kernphysik hinzugekommen, ohne dass unsere Sprache sich wesentlich verändert hätte: Völlig neue Sachverhalte zwingen sie dazu, bislang ungehörte Dinge zu sagen, zerren von allen Seiten an ihr; ab und zu reißt die Sprache dabei und muss fremde Termini, zumeist aus dem Englischen, in sich aufnehmen. Im Großen und Ganzen hat sie sich aber als flexibel erwiesen und an die Moderne angepasst. Venedig ist weniger formbar: Straßen, Brücken und Kanäle sind wie ein altes Wörterbuch, zu Stein gewordene Syntax, eine tote Sprache, die sich dem beugen muss, was heute geschieht. Wenn ein privater Umzug in Venedig schon ein gewaltiges Unterfangen bedeutet, versuche dir vorzustellen, was es heißt, hier eine Theaterkulisse heranzuschaffen, ein gewichtiges Kunstwerk, die Bühne für ein Konzert, ein Fahrgeschäft. Oder eine ganze Brücke – so geschehen 2007 beim Ponte della Costruzione. Das Rückgrat des Bauwerks musste in drei Teile gesplittet werden, zwei mit einem Gewicht von 85, das dritte von 250 Tonnen. Die Brücke wurde auf Lastkähnen den ganzen Canal Grande hinauftransportiert, fuhr unter den Bögen von Ponte dell'Accademia, Ponte di Rialto und Ponte degli Scalzi hindurch – erst nachdem sie den Segen der drei großen Brücken erhalten hatte, konnte sie eine von ihnen werden.

Wenn du bei Regen in Venedig bist, mach dir nichts draus. Ein blinder Schriftsteller hat einmal gesagt, ein schöner Tag sei für ihn einer mit Wind und Regen. Dann machen die Bäume auf sich aufmerksam, peitschen sanft die Luft. Die Dichte des Regens, die Intensität, mit der er auf den Dingen auftrifft, verrät einem die Formen der Stadt: Hier ist ein ganz hoher Palazzo, dort drüben die Markise einer Bar.

In Venedig ergießt sich ein und dieselbe Wolke auf einen Campo, schickt aber nur ein paar diagonale Regenpfeile in die engen Gassen. Die Tropfen werden auf einmal feiner, und dennoch gluckst es hier in der Dachrinne, ist der Kanal da hinten voller Wasserkreisel, als hätten eine Million Angler im selben Augenblick die Rute ausgeworfen.

Lausche dem Regen, der auf die glatte Oberfläche der Kanäle tröpfelt, betrachte ihn; das Wasser ist freundlich gesinnt, es lässt jeden Tropfen glauben, ins Schwarze getroffen zu haben, indem es ihn augenblicklich mit einer Zielscheibe aus konzentrischen Kreisen versieht; es ist auch ein Schelm: Die Zielscheibe entsteht erst in dem Augenblick, in dem schon alles vorbei ist. Jeder Tropfen, der im Kanal landet, verliert seine Eigenständigkeit: Daher tröstet ihn das Wasser und redet ihm ein, etwas Tolles vollbracht zu haben: »Glückwunsch! Du hast dich von so weit oben herabgestürzt, da hast du ja dein Ziel erreicht!«

Wenn du den Regen auf die *rii* Venedigs prasseln siehst und dir all die Zielscheiben anschaust, in deren Mitte jeder einzelne Tropfen auftrifft, überkommt dich vielleicht das Gefühl, in einer perfekten Welt zu leben. Das Sein ist bis ins kleinste Detail ausgetüftelt. Die Notwendigkeit ist in der Lage, augenblicklich den richtigen Rahmen zu improvisieren. Es reicht nicht aus, dass alles so kommt, wie es kommen muss: Jedes einzelne Ding muss auch *glücklich* sein, dass es so kommt. Also muss ihm ein Fest bereitet werden, eine perfekte Zeremonie: eine fingierte Zielscheibe, bei der unweigerlich ins Schwarze getroffen wird.

Stell dir eine aus den Fugen geratene Welt vor: Regentropfen, die in den dritten oder vierten konzentrischen Kreis fallen und so das Zentrum ihrer Notwendigkeit verfehlen. Mit ein wenig Übung lernst du, den leisesten Regen am Geräusch zu erkennen, hörst du die sachteste Wolke herannahen, vernimmst die dicht überm Boden schwebenden Tröpfchen. Du wirst dem Nebel lauschen.

Um zu beweisen, dass sie keine Rotznasen mehr sind, müssen die kleinen Jungen in Venedig einige Dinge beherrschen: den Motor eines Bootes anlassen, damit vor Anker gehen – und einen Schirm tragen. Wenn dir in einer schmalen Gasse jemand mit aufgespanntem Schirm entgegenkommt, musst du mit deinem gut umgehen können, damit ihr euch nicht verheddert: ihn anheben, senken oder blitzartig zusammenklappen, um ihn gleich darauf ebenso blitzartig wieder aufzuspannen. Beim

Aufeinanderzugehen lassen sich die beiden Kontrahenten auf ein Duell der Höflichkeiten im Zeichen der Schirm-Etikette ein. Ein Stoffel stiefelt einfach drauflos und streift dein Auge mit der scharfen Schirmkante.

Die Absätze, die nachts in den Gassen widerhallen, sind die Interpunktion deiner Einsamkeit.

Dein Tagesablauf wird vom Glockengeläut in Scheibchen eingeteilt; die Kirchenglocken ergießen sich alle halben Stunden. Um Mitternacht ertönt mächtig die Mutter aller Glocken: Die *marangona* von San Marco gebietet Schweigen.

Es gibt Städte mit einer großen thermischen Bandbreite: tagsüber heiß, nachts eiskalt. In Venedig gibt es eine bedeutende akustische Ausdehnung: tagsüber Tausende von Menschen, nachts die Einöde. Du bekommst Lust, vor dich hinzuträllern, dann zu singen und schließlich aus vollem Halse in den dunklen Gassen, auf den geisterhaften Plätzen herumzuschreien. Deine Stimme breitet sich aus, wird fest, nimmt die Form der leeren Räume an, der verlassenen Steinwürfel: Sie wird riesenhaft, zuversichtlich, flößt dir Allmacht ein: bis jemand dich mit einem wassergefüllten Luftballon bewirft.

Mund

Was hat mehr Kalorien, wenn man in den Tag starten will – ein Cappuccino, ein Croissant oder eine Landschaft? Du hast in einem Zimmer geschlafen, getrennt vom Rest der Welt; jetzt fehlt sie dir, du musst sie dir wiederholen; zum Frühstücken gehst du am besten zu den Zattere, ans Südufer der Stadt. Oder nach gegenüber, zur Riva della Giudecca, auf der anderen Seite des Kanals – Hauptsache, es sind Konditoreien im Freien, an den Kanälen oder auf den Campielli. Nachmittags kommst du an die Zattere zurück, um die Sonne zu genießen und ein Eis zu essen. *Gianduiotto* klingt nach Schokolade aus Turin, doch man isst es gern in Venedig: Es ist ein Barren Nougateis, das in einen Becher voll Schlagsahne getaucht wird.

Venedigs eigentliche Geschmacksrichtung aber ist nichts Süßes. Wenn du seinen kulinarischen Charakter erkunden willst, musst du in einen *bàcaro* gehen, eine Art Osteria. Die höchste Konzentration findest du in den Gassen in der Nähe des Rialtomarktes, in der Umgebung von Santa Margherita und an der Fondamenta della Misericordia in Cannaregio. Ich sage dir nicht, wie sie heißen, denn ich werde in diesem Buch keinen Namen nennen, weder von Hotels, noch von Lokalen, Bars oder Geschäften. Zum Teil, weil niemand bevorzugt werden soll, zum Teil, weil Venezianer ihre Geheimnisse eifersüchtig hüten und darauf achten, die wenigen Orte, an denen wir noch unter uns sind, nicht zu verraten. Sieh es als Herausforderung, als Schatzsuche.

Wenn du dir Venedigs Geschmack erobern willst, musst du bereit sein, sein Alphabet zu schlucken, dir seine Klänge auf der Zunge zergehen zu lassen, seinen Dialekt zu kauen. Ein venezianisches Wort benutzt du jeden Tag bereits etliche Male: *ciao*, Abkürzung von *s'ciavo*, euer Sklave.

Ein weiteres Wort venezianischen Ursprungs, das um die Welt gegangen ist: *ghetto*, von *getto*, *gettare*, schmelzen. Die Insel, die der hebräischen Gemeinde vorbehalten war, beherbergte nämlich eine Gießerei. Da sie nur wenig Platz zur Verfügung hatten, mussten die Juden sich nach oben orientieren: Die Häuser des Ghettos, in Cannaregio, sind bis zu sieben, acht Stockwerke hoch, wahrhaftige Wolkenkratzer von damals.

Versuche dich als Venezianerin zu tarnen, oder vielleicht eher als Veneterin vom Festland, denn wahrscheinlich wird es dir nicht gelingen, den Satz, den ich dir empfehlen möchte, korrekt auszusprechen. Wenn du am Rialto bist, egal, auf welcher Seite der Brücke, frage die Passanten: *Capo, ghe xé un bàcaro qua vissìn?* (»Chef, gibt's hier irgendwo 'ne Kneipe in der Nähe?«). Aber aufpassen: Das *e* von *xé* ist ein geschlossenes *e*. Was das berüchtigte *x* angeht, so ist dies eine traditionelle, aber missverständliche Umschrift eines simplen sanften norditalienischen *s* (stimmhafter alveodentaler Reibelaut): wie in *rosa*, zum Beispiel. Ich habe den Verdacht, dass es gar kein x sein soll, sondern ein diagonales Kreuz aus zwei s-Lauten.

In den Vitrinen der *bàcari* bieten sich dir hartgekochte Eihälften mit Sardellen an, frittierte Reisbällchen, *polpettine* (eine Art Frikadellen), *saltimbocca*, *nervetti* (Kalbsknorpel mit eingelegtem Gemüse), gebackene Sardellen, *masanéte* (frittierte Krabben), *folpi* (kleine Tintenfische), *baccalà mantecato* (Stockfischmus), eingelegte Zwiebeln, luftgetrockneter Schinken, Hirschschinken, Mortadellascheibchen, Mozzarellawürfel, Gorgonzolaquader. Natürlich werden sie mit einer *ombra* begossen, einem Glas Wein, das früher direkt aus den Fässern hinter der Theke gezapft wurde.

Es ist nicht klar, woher der Terminus *ombra* – wörtlich: Schatten – stammt: Und das ist ganz richtig so, denn auch seine Etymologie soll im Dunkeln bleiben. Ganz banal betrachtet, könnte der Begriff die Eintrübung des Weines bezeichnen. Oder er rührt von den Schankwirtschaften im Freien her, wo man sich sommers im Schatten eines Campanile bei einem Glas kühlen Weins erfrischte. »Na, wie wär's mit einer *ombra*?« hieß im übertragenen Sinn demnach so viel wie ein augenzwinkerndes »Lass uns einen trinken gehen.« *Ombra* bedeutet in der Sprache des Veneto auch »ein kleine Menge, ein wenig«. Als würde man sagen: »Komm, wir trinken einen Fingerhut voll Wein.«

Die kleinen Leckereien im *bàcaro* sind üppige Antipasti, die, wie du bald sehen wirst, durchaus ein veritables Mahl ersetzen können. Ein *cichéto*, ein Häppchen, folgt dem anderen und zieht das Probieren des ganzen Geschmackssortiments nach sich.

Als ich klein war, gab es viele Fischbratereien. Der *fritolìn* ließ unsagbare Düfte in die Gassen strömen, er verkaufte Makrelen, Aal, Sardinen, kleine Tintenfische, Calamari, *schìe* (eine Art Meereskrabben). Die Papiertüten saugten sich mit dem Öl voll; dazu gab es riesige Scheiben weißer oder gelber Polenta – das war der übliche Imbiss, ein Happen Cholesterin nach dem Kino am Nachmittag oder nach dem Fußballspiel. Wer ein Faible für Süßes hatte, knabberte lieber beim Spazierengehen einen *gardo*, einen Fladen aus Kastanienmehl, und im Ofen gebratene Birnen.

Inzwischen haben Lokale, die Street Food anbieten, diese Tradition wiederaufgenommen, sie verkaufen dreieckige Papiertüten voll gebratener Fischchen, die man in den Gassen verputzen kann.

Bald ist es Zeit zum Abendessen. Als Aperitif solltest du dir einen *Spritz* an der Bar mischen lassen: Wasser (in Venedig wird der orthodoxe Spritz allerdings mit Selterswasser zubereitet), Weißwein oder Prosecco und, nach Belieben, Campari, Aperol, Cynar oder Select, mit einer Zitronen- oder Orangenscheibe oder mit Olive. Der Ursprung des Wortes liegt in Österreich und kommt von »spritzen«, sprich: den Wein mit Wasser verdünnen.

Es ist ein Erbe der Habsburger Herrschaft, klingt er doch wie ein Befehl: »Spritz!«

Im 20. Jahrhundert wurde die Mischung noch etwas gehaltvoller, indem man einen farbigen Likör hinzufügte. Von hier bis Triest findest du ihn in jeder Stadt und jedem Städtchen auf eine etwas andere Weise zubereitet, als würde er den Wandel der Dialekte nachzeichnen. In den letzten Jahrzehnten ist er zum Modedrink auf der ganzen Welt geworden. Dabei ist er ein schlichtes Mischgetränk. Die Bewohner des Veneto müssen lachen, wenn sie sehen, dass er in den Großstädten Italiens und auch im Ausland als vollwertiger Longdrink gilt und daher seinen Preis hat. Es ist, als hätten wir die ganze Welt mit dieser Pseudo-Erfindung, dieser angeblichen Tradition an der Nase herumgeführt. Von all den Dingen, die unser Landstrich hervorgebracht hat, musste nun ausgerechnet *das* zum Welterfolg werden? Übrigens wird der Spritz außerhalb des Veneto immer mit einer Orangenscheibe serviert, die besser zur Süße des Aperol Spritz passt. Eigentlich wird er aber mit einer Zitronenscheibe kredenzt.

Es macht schon Eindruck, wenn man sieht, wie die Touristen ihn sich zu jeder Tageszeit hinter die Binde kippen, als wäre es ein Durstlöscher. Ich würde dir empfehlen, ihn lediglich als abendlichen Aperitiv zu trinken: Wenn er stark ist, kann dich auch ein moderater Spritz ganz schön aus dem Gleichgewicht bringen. Aber ganz abgesehen davon entzündet schon die Bezeichnung »Spritz« ein assoziatives Feuerwerk, das Wort trägt einen Heiligenschein, es nimmt die Situation vorweg, die mit ihm einhergeht: Tischchen und Stühle, möglichst im Freien, angenehme Plaudereien auf einem Campiello oder in der Nähe einer Imbissbude, auf den lichtüberfluteten Fondamente, vielleicht bei den Zattere oder auf der Giudecca, am besten, während die Sonne zwischen den Schloten von Porto Marghera im Meer versinkt. Der Spritz ist kein Getränk, er ist der Mittelpunkt eines Koordinatensystems. Niemand trinkt zu Hause einen Spritz. Dazu muss man in eine Espressobar gehen, vielleicht mit Kindern, die da seelenruhig spielen, weitab vom Verkehrsgetöse, vom Geruch nach Asphalt, nach Autoreifen und Auspuffabgasen. In normalen Großstädten würde das, was in Venedig ein banaler Campiello ist, als exklusiver Außenbereich eines schicken Lokals gewertet werden. Will heißen: Trotz seiner übertriebenen, künstlichen, industriellen Farben ist der Spritz schließlich doch eines der Symbole für die Lebensqualität Venedigs – die immer noch sehr hoch ist, Touristenflut hin oder her. Also, nimm auch du Platz an einem der Tischchen und bestell dir einen Spritz. Hättest du ein Glas eines Qualitätsweins vor dir, wär's bestimmt schöner, aber vielleicht ist das ja gerade das Schöne. Zu orangefarben, zu korallenrot, zu hausbacken, entspricht der Spritz genau der Farbe und dem derzeitigen Geschmack Venedigs, ein Symbol seines gegenwärtigen Zustands. Künstlich, so lecker wie billig – und doch sehr, sehr fein. Du trinkst auch den Ort, an dem du dich befindest, deine Relax-Haltung, das Panorama, die besonderen Genüsse, die dir diese Stadt bietet. Berausche dich ganz entspannt, lass dir deinen aktuellen Zustand schmecken, dein *Jetzt*.

Gut, auch in Venedig gibt es viele Fast-Food-Läden. Ich möchte dir dennoch einige besondere Gerichte vorstellen. Vielleicht probierst du sie lieber bei verschiedenen Gelegenheiten, denn sie schmecken sehr eigenwillig. Sie könnten deine Geschmackspapillen vor Schreck erstarren lassen und deinen Verehrern den Atem verschlagen: Der hohe Anteil an Zwiebeln ist ein verlässlicher Kuss-Killer.

Gericht Nummer eins: *bìgoli in salsa. Bìgoli* sind grobe Spaghetti aus Buchweizen, die *salsa* ist eine schmackhafte Soße aus Zwiebeln und Sardellen.

Phonetischer Exkurs. Da ich dir bereits ihren Namen zum Probieren gegeben habe, möchte ich dir auch diesmal zeigen, wie man sich diesen Laut im Mund zergehen lässt. *Bìgolo* heißt es im Singular, aber dieses *l* hört man nicht, die Zungenspitze bleibt unten und berührt die oberen Schneidezähne nicht wie bei einem normalen *l*. Allenfalls wölbt sich der hintere Teil der Zunge ein wenig, um ein *e* anzudeuten – »bigo(e)o«. Im Plural verschwinden diese Feinheiten, da hier die Vokale verschieden sind, das *l* wird geschrieben, *bìgoli*, aber nicht gesprochen: »bìgoi«. Dasselbe gilt für die Wörter, denen du in den vorherigen Kapiteln begegnet bist. *Forcola*, »fórco(e)a«, Plural *forcole*, »fórcoe«. *Brìcola*, »brìco(e)a«, Plural *brìcole*, »brìcoe«. Auch der *culo*, der Arsch, wird zum »cu(e)o«, im Plural werden die *culi* zu »cui« …

Gericht Nummer zwei: *sarde in saór*. Das sind gebratene Sardinen, die einen Tag in einer Mischung aus gebratenen Zwiebeln, Wein und Essig eingelegt wurden, eben jenem *saór*, hochitalienisch: *sapore*, Geschmack. Sie sind das Hauptgericht des Redentore-Festes am dritten Sonntag im Juli. Man isst sie kalt, entweder, während man auf dem Schiff im Bacino di San Marco und im Canale della Giudecca auf und ab schaukelt, oder, vor dem Feuerwerk, an einem der Tische, die auf die Fondamente herausgestellt worden sind. Im Winter steigt der Kaloriengehalt, denn da werden dem *saór* Pinienkerne und Rosinen beigefügt.

Gericht Nummer drei: *figà a la venessiana* (*fegato alla veneziana*, Leber venezianische Art). Die Rindsleber wird weder zu hart noch zu weich serviert und mit den obligatorischen gedünsteten Zwiebeln zubereitet. Man kann auch ein Glas Rotwein oder Marsala in die Pfanne gießen.

Das Ausgefallenste und Köstlichste der venezianischen Küche sind die *moéche*, Taschenkrebse. Im Frühjahr und im Herbst häuten sich diese Krebse und wechseln ihr Gewand. Um wachsen zu können, werfen sie ihren zu eng gewordenen Panzer ab. Es sind mittelalterliche Krieger, die ihre Rüstung ablegen; wenige Stunden lang sind sie unbewaffnet: Der neue Panzer, der ihnen wächst, ist im Augenblick noch eine feuchte Tunika – eine kurze Zeitlang sind sie daher sehr zart und schmecken frittiert ganz ausgezeichnet. Die *moecanti*, die Fischer, die sie fangen, erkennen sofort, welche Exemplare kurz davor stehen, den Panzer zu wechseln. Sie legen sie beiseite, schließen sie in Käfige aus Holz oder Metall ein, die ins Wasser gehängt werden, und warten dann. Die Krebse sind Kannibalen, daher müssen die *moecanti* genau aufpassen und die sich Häutenden rechtzeitig von den anderen absondern, sonst würden die anderen sie auf der Stelle vertilgen, weich, wie sie sind. Die Fischer bringen sie augenblicklich auf den Markt, und dort werden sie von den Restaurants aufgekauft.

Die Geschichte des *baccalà* und seiner Verbreitung durch einen venezianischen Seefahrer, der vom Kurs im Nordmeer abkam, ist nur zu bekannt. Ich möchte dir lieber zwei weitere typische Gerichte beschreiben: Auch sie haben sprechende, ziemlich grausame Namen. Das eine ist die *castradìna*. Das ist eine Keule vom kastrierten Hammel, an sich ein Rezept der slawischen Küche. Geräuchertes, hartes, ledriges, faseriges Fleisch, das aber sehr schmackhaft ist. Es wird auf niedriger Flamme tagelang gekocht, damit es von den Backenzähnen gemeistert werden kann. Man macht eine Suppe mit Wirsing, Zwiebeln und Wein daraus. Gegessen wird die Suppe am Vorabend der Festa della Salute im November: Der Tradition zufolge wurden die Venezianer während der Pestepidemie des Jahres 1630 dank der Großzügigkeit der Dalmatiner vorm Hungertod gerettet. Sie brachten ihnen die *castradìna* – der Verzehr dieser Suppe ist zugleich ein Zeichen der Erinnerung und der Dankbarkeit.

Dann sind da die *castraùre*, die aber mit dem Entfernen männlicher Keimdrüsen nichts zu tun haben. Die Artischockenpflanze ist ein ziemlich struppiges Gewächs, lässt man jedoch die Artischockenblüte an der Spitze nach oben schießen, raubt sie den anderen den Pflanzensaft und das Volumen. Daher wird sie gestutzt – »kastriert« –, wenn sie noch klein und zart ist. Sie ist eine Delikatesse, man isst sie roh, feingeschnitten, mit einem Tropfen Öl und Zitrone. Die gefragtesten sind die *castraùre di*

Sant'Erasmo, eine sehr große Insel in der Lagune, kaum bekannt, der traditionelle Gemüsegarten Venedigs.

Als ich noch studierte, gab es nur zwei oder drei Restaurants, die spätabends noch offen hatten. Wollte man noch gemeinsam ein Bier trinken, versuchte man sein Glück am Campo Santa Margherita. Wenn da geschlossen war, ging es weiter in Richtung Accademia, zur Fondazione Guggenheim. Hatte man auch dort Pech, schaute man sich vor dem verschlossenen Eingang fragend an: »Was machen wir? Cannaregio?« Und dann durchquerte man die ganze Stadt zu Fuß, in Schals und Jacken eingemummelt in diesen Januarnächten, nur um festzustellen, dass der Wirt bereits die Schotten dicht gemacht hatte und selig schlummernd in seinem Bettchen lag. Heute gibt es wie an jedem touristischen Ort Hunderte von Lokalen. Es wäre unsinnig, wenn ich dir sagte, wo du welche findest. Allenfalls bräuchte es eine Karte mit den Orten, an denen es keine Bars, *bàcari,* Osterien, Trattorien oder Pizzerien gibt, Orte, an die man höchstens eine Flasche mitnimmt. Die entkorkt man dann leise, während man sich flüsternd unterhält, um die umliegenden Nachbarn nicht zu stören, die am nächsten Morgen wieder früh aufstehen und zur Arbeit gehen müssen. Doch um den Tag zu beschließen, empfehle ich dir weder Wein noch Hochprozentiges. Wenn du einen Campiello oder irgendwelche Fondamente findest, die still daliegen und noch nicht von Bars und Lokalen besiedelt sind, dann forme eine Röhre mit den Fingern, als hieltest du ein Glas in der Hand, und trinke den Inhalt, also Luft. Nimm einen ordentlichen Schluck davon, feiere die noch unberührten öffentlichen Räume, erheb dein Luft-Glas und stoße auf die leeren Plätze an. Tu es wirklich, hebe den Arm und neige die Hand zum Mund – es sich nur vorzustellen reicht nicht. Taufe das Leere mit dem Leeren, besprenge die Heiligkeit des Vakuums. Tauch ein ins Zentrum des Mangels und trinke deinen Kelch der Lückenhaftigkeit aus.

Nase

Jeder *rio* hat seine eigene Persönlichkeit. Manche dieser Kanäle sind sehr breit und hüllen einen sogleich in ihren chronischen Gestank ein. Die stinkendsten haben meine Kindheit geprägt. »Ich habe noch den Geruch des Fetts auf dem glühenden Maschinengewehr in der Nase«, schrieb Mario Rigoni Stern, als er sich an den Rückzug aus Russland erinnerte. Ich habe noch den Gestank des Rio delle Muneghéte an der Grenze der Sestieri Santa Croce und San Polo in der Nase, und die Schleife zwischen der Fondamenta del Remedio und dem Sotopòrtego de la Stua, hinter der Biblioteca Querini Stampalia – bevor sie gereinigt wurden. Selbst solche Wartungsarbeiten sind in Venedig erforderlich: die schlammigen Ablagerungen im Wasser zu entfernen.

Andere Kanäle haben einen eher introvertierten, scheinheiligen Charakter: Nur bei völliger Ebbe legt die Trockenheit ihr müffelndes Innenleben bloß, das unweigerlich von den Abflussrohren der Waschbecken und Bidets aufsteigt.

Bei der Biennale 1997 fischte der amerikanische Künstler Mark Dion alle Objekte heraus, die in einem zehn Kubikmeter großen Haufen übelriechenden Lagunenschlicks begraben lagen. Er katalogisierte Hunderte von Keramikscherben, versunkene Lampenschirme, Flaschen ohne Post darin, ertrunkene Puppen, schwimmende Reifen, Waschmaschinen und Heizkessel von Kapitän Nemo.

Viele Häuser entleeren das Wasser der Waschbecken und der Badewanne in den *rio*, und vielleicht auch anderes. Nicht umsonst lautet ein venezianisches Sprichwort – wobei: Nein, erst sage ich es dir in der moralischen Übertragung, erkläre dir im

Voraus seinen erbaulichen Sinn. Die Bedeutung des Sprichwortes ist mehr oder weniger diese: Es gibt Epochen, in denen auch Nichtsnutzen einmal etwas gelingt. Und umgekehrt: Eine gute Leistung auf einem bestimmten Gebiet abzuliefern, heißt nicht notwendigerweise, Hervorragendes zu leisten, denn in einigen Situationen bringen alle mal etwas Großartiges hervor. Hier nun das Sprichwort: *d'istà, anca i stronsi guégia.* Übersetzung: Im Sommer schwimmen auch die Dreckstücke oben. Wie ist es zu dieser Maxime gekommen? Eines Nachmittags im Juli muss sich ein unbekannter venezianischer Philosoph ans Ufer eines Kanals gestellt haben und nachdenklich eine lange Regatta schwimmender Scheißhäufchen betrachtet haben. Fünf Minuten werden wohl genügt haben. Nicht zu vergleichen mit seinem chinesischen Kollegen, der jahrelang am Flussufer saß und auf den Kadaver seines toten Feindes wartete.

Und noch eine sublime ästhetische Maxime. Sie lautet folgendermaßen: *Se se vol rìdar, bisogna discórar de merda.* Wer lachen will, muss über Scheiße sprechen. Eine grandiose Vision des Komischen, die uns für den Verlust des zweiten Teils von Aristoteles' *Poetik*, die der Komik gewidmet war, voll und ganz entschädigt. Nun aber möchte ich dieses Sprichwort infrage stellen. Denn über Scheiße sprechen muss nicht immer andere zum Lachen bringen. Ich werde dir eine Geschichte erzählen, in der das Reden über Exkremente keineswegs zotiges Grinsen, sondern zärtliche Solidarität für alles Lebendige hervorruft. Ein titanisches Unterfangen, ich weiß. Daher wende ich mich an die Muse der Buchstabenkacke, auf dass sie mich inspiriere, wende mich an einen Gott des erzählerischen Stuhlgangs, so es ihn denn gibt. Doch, wenn ich es mir recht überlege, gibt es einen: Niccolò Tommaseo. Seine schmollende Statue auf dem Campo Santo Stefano stützt sich mit dem Hintern auf einen Haufen gebundener Bücher, unter den Falten seines dicken Mantels quillt ein durchfallartiger Auswurf aus Gesetzbüchern und Wälzern hervor. Die Venezianer nennen ihn scherzhaft den *Cagalibri*, den Bücherscheißer.

Veredle meine Rede, o Niccolò: Lass mich nicht Nasen noch Pupillen beleidigen, Blatt oder Klopapier. Sodann kann ich meine Erzählung beginnen.

In den achtziger Jahren begannen Touristengruppen aus Osteuropa in Venedig einzufallen. Sie kamen im Sonntagsstaat, mit Blusen und Jacken aus leicht entflammbarem Acryl, die Männer in alten Latschen, die Frauen mit goldenem Lidschatten und blassem Lippenstift. Von frühmorgens bis spätabends streiften sie in wohlgeordneten Karawanen durch die Gassen, wortkarg, beinahe stumm. Die ganze Nacht hindurch waren sie von Budapest oder Prag hergereist, um innerhalb von zwölf Stunden mit den Augen so viel Stadt wie möglich einzusacken. An der Riva bei der Säule des Markuslöwen, neben dem Dogenpalast, sah man sie ermattet die glühenden Füße ins ranzige Wasser des Bacino von San Marco tauchen, sie improvisierten Fußbäder zwischen Algen und Bazillen, die glühenden Fersen zischten beim Kontakt mit der grünen Brühe, von der salziger Dampf aufstieg. Am Abend bestiegen sie todmüde wieder ihre Reisebusse, die am Tronchetto auf sie warteten.

Doch nun sah ich Folgendes:

Die Szene spielt am helllichten Vormittag, unter einer sanften Junisonne, auf dem Holzsteg, der am Canal Grande entlang zur Vaporetto-Anlegestelle von San Tomà führt. Ich bemerke, dass neben dem Häuschen des Fahrscheinverkäufers eine blonde junge Frau hinter ihrer Gruppe zurückbleibt und sich in jener zugigen Ecke wie vor Schmerzen krümmt. Ihr Blick ist flehend, ihr Gesichtsausdruck peinlich berührt. Mit beiden Händen hält sie sich den Bauch. Eine Frau in den Vierzigern, vielleicht ihre Mutter, stellt sich vor sie hin und versucht, ihr mit dem Körper Sichtschutz zu geben. Sie nimmt eine Zeitung aus einem Papierkorb, faltet sie auseinander und breitet sie auf dem Boden aus.

Wir begreifen sofort und schauen zur Seite, noch bevor die junge Frau sich hinhockt.

Ende der Erzählung.

Mehr sage ich nicht: weil es richtig ist, hier innezuhalten, und weil auch ich zur Seite geschaut habe. Und genau darauf will ich hinaus: auf jene hundert Blicke, die sich selbst untersagen, neugierig zu sein. Ich möchte es ein Paradoxon der Gleichgültigkeit nennen. So zu tun, als wäre nichts, ist ein Zeichen von Solidarität. Das Desinteresse am Schicksal eines anderen war ein Beweis für menschliches Mitleid.

Du musst hier auch im Blick behalten, dass die Gasse zur Anlegestelle von San Tomà drei oder vier ziemlich komplizierte Biegungen macht; Bars oder Lokale mit öffentlicher Toilette für Notfälle gab es damals keine. Und nun stell dir eine Fremde vor, die gerade in der Stadt angekommen ist, eine junge Frau, die ihr Heimatland wahrscheinlich zum ersten Mal seit der Öffnung des Eisernen Vorhangs verlassen hat. Plötzlich rumort es ganz gewaltig in ihren Eingeweiden – auf der einen Seite ist die Gasse, auf der anderen der Canal Grande mit den Booten und den Vaporetti voller Passagiere in wenigen Metern Entfernung, und über sich hat sie die Sonne. Wo soll sie hin? Sie weiß, dass sie es nicht bis zur nächsten Toilette schaffen wird; also muss sie sich gezwungenermaßen vor aller Augen erleichtern. Und ein einziges Mal stehen ihr nun die Augen aller bei, mit einem gnädigen Lidschlag.

Danke, Bücherscheißer.

Öffnen wir die Fenster, schnappen wir ein wenig Luft. Bis jetzt haben wir uns von üblen Gerüchen einhüllen lassen, nun wollen wir unser Geruchsorgan ein wenig entlasten und einen wohlriechenden Absatz einfügen. Geh zum Markt am Rialto, und zwar vom Campo San Giacometto herkommend, hinüber zum Campiello de le Becarìe; nicht umgekehrt – die Richtung schlage ich dir nicht zufällig vor. Zuerst atmest du Obst und Gemüse ein, von den Calli jenseits der Ruga Rialto, und da du schon einmal hier bist, bepinsle dir die Netzhaut mit den Farben der Pflanzenpyramiden, lass dein Trommelfell überraschen von den venezianischen Klängen der wenigen verbliebenen venezianischen Marktschreier. Den Rundgang solltest du jedoch auf dem Fischmarkt beenden, das aromatische Einsprengsel ist bereits vorbei, uns erwarten weitere übelriechende Passagen, jetzt wird dein Geruchssinn vom Fisch betäubt. Kaskaden schlüpfriger Biomasse zucken in den Metallbehältern, beflecken und bekleckern das zerstoßene Eis. Die Fischverkäufer in ihren Gummistiefeln beugen sich über die Stände, tauchen bis zu den Ellbogen in die frische leichenblasse Gelatine ein, häufen sie auf beschichtetes Einwickelpapier auf der Waage und in durchsichtige Tüten, mit blaugefrorenen Händen, die Fingernägel von tierischer Tinte verkrustet, von schwarzer Sepia, salzigem Blut, klebrigem Schleim.

Die Serenissima Repubblica verbot den Fang allzu kleiner Fische; um die Lebensmittelvorräte der Lagune auszuschöpfen, war es sinnvoller, sie zu wachsen werden zu lassen – zu Beginn des 17. Jahrhunderts gab es 180 000 hungrige Mäuler zu stopfen. Alte Steintafeln geben die Zentimeter-Mindestmaße für den Fischverkauf an. Du kannst sie am Rialto lesen, aber auch in Castello, in der Nähe der Via Garibaldi, außerdem auf dem Campo San Pantalón und dem Campo Santa Margherita.

In Venedig wechseln sich Gestank und Duft ab. Einige Menschen verwechseln die Gassen mit Bedürfnisanstalten im Freien. In einigen verschwiegenen Ecken wirst du vielleicht seltsame Vorsprünge entdecken, entweder aus Stein, aus blankem oder unverputztem Ziegelstein, oder auch aus Schmiedeeisen. Sie befinden sich dort, wo in einer Gasse zwei rechtwinklige Mauern aufeinandertreffen; es gibt allerdings auch welche auf dem Sattel der Brücken, etwa beim Campiello San Rocco. Sie sind weniger als einen Meter hoch. Die aus Stein ähneln dem Dreieck eines steil abfallenden Daches, die aus Ziegelstein einer Mini-Kuppel am Boden, einem Foccaccia-Fladen, einem Stück Panettone. Die aus Schmiedeeisen laufen in bauchigen Vorsprüngen aus. Wozu dienen sie?

Einige waren Anti-Überfall-Einrichtungen, sie verhinderten, dass man sich in schlecht beleuchteten Gassen in die Ecke drückte und dann auf nächtliche Passanten stürzte. Die anderen verhinderten – und verhindern noch –, dass jemand dort hinpinkelt. Auf Venezianisch werden sie zuweilen *pissòtte* genannt. Die Funktionsweise der steinernen Dächlein und der Kuppeln ist einfallsreich: Sie wurden entworfen, um die Fontäne auf den jeweiligen Übeltäter zurückrieseln zu lassen, und damit er sich selbst die Füße besudelt.

Es gibt viele dieser Anti-Pissoirs, auch in den Nischen der Kirchen, in den Ecken der Plätze, zu Füßen der Palazzi: Es sind architektonische Fußnoten, Randbemerkungen zur urbanistischen Grundausstattung und baulichen Glossen; mit ihrer Hilfe scheint Venedig deutlich machen zu müssen, dass es eben keine Toilette ist. Es scheint nun mal so zu sein, dass die Stadt bei ihren ergebenen Besuchern den Drang auslöst, lustvoll auf sie zu pissen.

Als Kinder wussten wir nicht, dass es sich um alte Anti-Pinkelbecken handelt, sozusagen um verkehrte Klos à la Duchamp: Wir spielten auf diesen Vorsprüngen mit den kleinen Fußballerfiguren, ließen sie abwechselnd daran hinabgleiten, jagten sie uns gegenseitig ab, wenn sie übereinander am Boden landeten. Es hatte auch einen Namen, dieses Spiel: *scainèa*, »Rutsche«.

Ich könnte eine Abhandlung über venezianische Straßenspiele schreiben.

Massa e pìndolo: eine Art Baseball oder Cricket auf dem Campiello. Anstatt eines Balls wurde mit einem kleinen Holzzylinder gespielt, der wie ein großer Bleistift auf beiden Seiten spitz zulief – das war der *pìndolo*. Man legte ihn aufs Pflaster und schlug ihn mit der Keule in die Luft, sodass er ungefähr einen halben Meter hoch flog, musste ihn dann im Flug erneut schlagen, damit er weiterflog. Manchmal traf er einen mitten auf der Stirn. Das Zählen der Punkte war ziemlich kompliziert und basierte auf einem lustigen Hin und Her aus vorab geschlossenen Wetten und langwierigen Messungen des Abstands zwischen dem *pìndolo* und der Hauswand, der *gècola*.

Tacco spielte man mit den beim Schuhmacher gekauften Absätzen, später dann mit der abgeschmackten Version aus Gummi. Diese flachen Scheiben simulierten die Bocciakugeln in einem unwirklichen zweidimensionalen Universum. Doch beim *Tacco*-Spiel gab es keine kleine weiße Kugel, wir versuchten, so nah wie möglich an die Wurfscheibe des Gegners heranzukommen. Mit einer geschickten halben Drehung des Handgelenks segelte der Absatz durch die Luft und landete flach auf dem Boden.

Mit Kreide zeichneten wir Wurfbahnen für Kronkorken, die *cìmbani*: Manchmal genügte uns das Pflaster nicht, und dann erweiterten wir die einzelnen Etappen und bezogen den Milchladen mit ein, machten einen grenzüberschreitenden Giro d'Italia, eine exotische Rallye mitten durch die Füße der Kunden hindurch.

Wir flohen mit dem Fahrrad vor den Polizisten, die uns zu Fuß verfolgten. Wir diskutierten mit dem Nachbarn, damit er uns endlich den einbehaltenen Ball wieder herausgab.

Und dann waren da noch die Blasrohre. Sie waren einen halben Meter lang. Das gerädelte Rohr kaufte man in der Zoohandlung: Eigentlich war es als Sitzstange für Kanarienvögel und Wellensittiche bestimmt. Als Wurfgeschoss nahmen wir Brotkügelchen, oder roten Fensterkitt. Auf dem Straßenschild des Rio de la Toletta sah man jahrzehntelang die Kittkügelchen, wie Reliquien eines uralten Scheibenschießens. Größere Blasrohre wurden mit *conòti* geladen, mit Papierkugeln.

Diese Aufzählung ist nicht vollständig, doch das waren eben die Spiele, die ich als kleiner Junge spielte. Ich glaube, einer der letzten zu sein, der die Regeln noch gelernt hat – sie sind zu kompliziert, um sie dir in allen Einzelheiten zu erklären.

Ich bin als Straßenjunge aufgewachsen. Mit neun Jahren beschloss ich Venezianisch zu lernen, weil alle Kinder, die in den Gassen spielten, Dialekt sprachen, nur ich nicht. Meine Eltern redeten Italienisch mit meinem Bruder und mir: Sie hatten nicht studiert, und daher legten sie großen Wert darauf, uns die Sprache des sozialen Aufstiegs beizubringen.

In den Ferien verbrachte ich ganze Tage draußen beim Ballspielen, bis spätabends. Ich drehte viele Runden mit dem Fahrrad. Unter uns Kindern veranstalteten wir Wettrennen in der Gasse, die parallel zu der unsrigen verlief.

Wenige Meter hinter der Ziellinie lag eine Mauer. Einmal konnte ich nach dem Endspurt nicht mehr rechtzeitig abbiegen und prallte gegen die Mauer; ich spürte, wie sich der Griff des Lenkers in meine Magengrube bohrte. Er blieb nicht in meinen Eingeweiden stecken, aber eine halbe Stunde lang lag ich röchelnd am Boden. Wäre eine Aufsichtsperson in der Nähe gewesen, wie es heute der Fall ist, hätte er oder sie uns diese gefährlichen Wettrennen verboten. Aber wir hatten absolute Freiheit, konnten uns überall frei bewegen. Mit einer Ausnahme.

Mein Vater hatte uns verboten, in eine bestimmte Gasse einzubiegen, die hundert Meter von unserem Haus entfernt lag: den Ramo Cimesin. So hieß sie, und so heißt sie noch heute. Vielleicht die unscheinbarste der venezianischen Gassen. Für mich dagegen die wichtigste meiner Kindheit.

Ich hatte keine Ahnung, weshalb mein Vater uns verbot, dorthin zu gehen. Heute kann ich es mir denken, auch wenn es nun zu spät ist, ihn danach zu fragen. Es wundert mich, dass ihm so sehr daran gelegen war, dass ich nicht auf irgendeinen armseligen Exhibitionisten traf, während er mich, ohne es zu ahnen, Jahre danach alles andere als untadeligen Erziehern anvertraute: Geistlichen, die uns unzüchtig ansahen, Priester, die ihre Hände nicht bei sich behalten konnten. Doch was ich dir erzählen will, ist etwas anderes.

Wenn ich an die Macht eines Gesetzes denke, an die Energie, mit der sich ein Satz – eine simple Abfolge von Wörtern – in etwas Starres verwandeln kann, ein Hindernis, das Entscheidungen und das Verhalten bestimmt, dann kommt mir als Erstes in den Sinn: Ramo Cimesin. *Man geht nicht in die Ramo Cimesin, egal, aus welchem Grund* – das war das erste Tabu, das ich kennengelernt habe. Mir waren andere Verbote eingepflanzt worden wie etwa *Man steckt keinen Dreck in den Mund* oder *Mit Essen spielt man nicht!*, doch das waren Tabus, die in Gegenwart der verbotenen Dinge erlassen worden waren, während der Situationen, die es zu vermeiden galt. Diese Verbote verstand sogar ein Kind, das noch nicht sprechen konnte, denn es konnte die entsprechenden Dinge ja sehen, hatte sie vor sich. *Man geht nicht in die Ramo Cimesin* war dagegen mein erstes Tabu, das nur aus Worten bestand, in hundert Metern Entfernung zu der verbotenen Sache. Zum ersten Mal erfuhr ich die Macht der Sprache. Ich verinnerlichte das Gesetz. Ich verinnerlichte es so sehr, dass mir heute beim Schreiben bewusst wird, dass ich es mein ganzes Leben lang befolgt habe. Ich ging niemals in die Ramo Camesin.

Doch weshalb erzähle ich dir etwas über Kinderspiele in einem Kapitel, das der Nase gewidmet ist? Weil sie verschwunden sind, es bleibt nur ihr Geist übrig. Und Geister spürt man mit der Nase. Man atmet sie ein und aus.

In Venedig wimmelt es von Geistern. Schriftsteller und Schriftstellerinnen, Regisseure und Regisseurinnen haben sie überall gewittert. Auf ihren Streifzügen durch die Gassen wurden sie von den Dämonen des Pechsees im Arsenale bedrängt, dann von Madonna Lisetta, Othello, Desdemona, Lunardo, der Contessa Livia Serpieri, Miss Bordereau, Gustav von Aschenbach, Andreas von Ferschengelder, Corto Maltese, Mary und Colin. Die Aufzählung ließe sich beliebig verlängern. Ich zeige es dir an einem Beispiel: Am Campo San Barnaba ist Katherine Hepburn in dem Film *Traum meines Lebens (1955)* in den Kanal gefallen; aus einem extra ausgehobenen Kanalschacht sprang Harrison Ford in *Indiana Jones und der letzte Kreuzzug* heraus; bedenke, dass ich dir hier von einem Nebenschauplatz berichte, nicht etwa von der Piazza San Marco. Dafür taucht ein riesiges Wassermonster aus dem Canal Grande auf, zerbröselt die Rialtobrücke, die Pescheria sowie den Palazzo Camerlenghi und zerstört den Campanile von Santa Maria Formosa bei seinem Kampf gegen Mysterio und den spinnenartigen Titelhelden in *Spider-Man: Far From Home* (2019).

Venedig ist überzogen vom Imaginären. Seine Steine knirschen unter einem Haufen von Erscheinungen. Kein anderer Ort auf der Welt muss ein solch tonnenschweres Gewicht an Visionen auf seinen Schultern tragen. Die beständig erneuerten Warnungen, Venedig werde bald untergehen, beziehen sich nicht auf die architektonischen Strukturen. Mit ein wenig Hilfe von allen Seiten würden die sicher halten. Nein, Venedig wird im Meer versinken, weil die Visionen, die Phantasien, Geschichten und Figuren es erdrücken, all diese Träume mit offenen Nasen, die es inspiriert hat.

Augen

»Kein Sorge, ich hole euch ab«, sagte Onkel Ennio zu meiner Mutter, nachdem er erfahren hatte, dass mein Vater uns nicht im Krankenhaus abholen konnte, da er nicht freibekommen hatte.

Ich war wenige Tage zuvor auf die Welt gekommen. Damals lag die Entbindungsstation nicht weit von der Piazza San Marco entfernt, in der »Pietà«, einem vom Stammsitz, dem Ospedale civile, entfernten Gebäude. Viele Venezianer sind dort zur Welt gekommen, in jenen Räumen, in denen Jahrhunderte zuvor Waisen und die Kinder armer Familien Obdach fanden. Onkel Ennio kam auf seiner schmalen Barke herangefahren. Meine Mutter ging an Bord, sie hielt mich im Arm. Langsam glitt das schwarze Gefährt mit dem schnabelartigen Vorderteil dahin und durchquerte den Bacino di San Marco. Er hielt sich rechts, fuhr dicht an der Piazzetta vorbei, wenige Meter von den Säulen mit dem Markuslöwen und San Tòdaro. Bei der Punta della Dogana und der Basilica della Salute bog er schließlich in den Canal Grande ein.

Mein Onkel ruderte im Stehen, vom Heck aus, mit einem einzigen Ruder, das er mit sicheren Bewegungen führte; er tat dies jeden Tag, seit Jahren, beförderte Liebespaare und ab und zu einen Star des Filmfestivals. Er schlängelte sich durch die kleinen Seitenkanäle, bückte sich, wenn er unter den niedrigen Brücken durchfuhr, um sich nicht den Kopf anzuschlagen. Dann ließ er uns an dem *rio* aussteigen, der ganz in der Nähe unserer Wohnung lag, und kehrte zu den Touristen an der Piazza San Marco zurück.

Und so kam es, dass ich meine Stadt, als ich sie zum ersten Mal sah, von einer Gondel aus betrachtete. Vielleicht nicht richtig gesehen, eher bot ich meine Pupillen dem Licht dar, sinnlosen Schemen, schaukelnden Lichtreflexen, mutigen Mauervorsprüngen, die sich über mir auftürmten. Meine weit aufgerissenen Säuglingsaugen wurden von jenen irisierenden Irrlichtern aus Wasser, Stein und Himmel durchströmt.

Du brauchst eine ganz dunkle Sonnenbrille: Schütze dich. Venedig kann tödlich sein. Die ästhetische Radioaktivität in der Altstadt ist extrem hoch. Jeder kleine Fleck strahlt Schönheit aus; was schlicht erscheint, ist zutiefst heimtückisch, unerbittlich. Das Anmutige findet sich zuhauf in den Kirchen, doch auch die Gassen ohne Denkmäler, die kleinen Brücken über die Kanäle sind zumindest malerisch. Die Fassaden der Paläste springen einem unweigerlich ins Auge. Die Schönheit erschlägt, ohrfeigt, misshandelt dich. Andrea Palladio betäubt dich, Baldassare Longhena und Mauro Condussi strecken dich nieder. Filippo Calendario und Pietro Lombardo machen dir den Garaus. Es geht dir schlecht – das berühmte Leiden des Monsieur Henri Beyle, das als Stendhal-Syndrom in die Geschichte eingegangen ist.

Mach die Sache nicht noch schlimmer, hör auf, hinter Statuen und Gemälden herzurennen. Von den unzähligen Kunstwerken und Sammlungen, denen du ins Netz zu gehen drohst, nenne ich dir diejenigen, deren Schönheit die für mich tödlichsten ästhetischen Erfahrungen in dieser Stadt waren: Die meisten sind recht offensichtlich, die letztgenannte dagegen viel gefährlicher, weil ich nichts davon wusste und es mich daher ohne Vorwarnung umgehauen hat. Wenn ich mir wehtun will, schaue ich mir Vittore Carpaccios großartigen Zyklus in der Scuola di San Giorgio degli Schiavoni an; und die Fresken aus der Villa Zianigo auf dem Festland, die in die Ca' Rezzonico verbracht wurden. Giandomenico Tiepolo hatte sie für sein Landhaus gemalt. Während seines Lebensabends wurden sie zu seinen Begleitern. Beides beschert mir jedes Mal einen kleinen Zusammenbruch à la Stendhal. Doch während ich wie ein Schnösel durch die Scuola Grande di

San Rocco wandelte, in der lächerlichen Überzeugung, dass der harmlose Tintoretto nicht einmal ein ästhetisches Furunkelchen bei mir hervorrufen würde, bekam ich vor den bezaubernden Holzreliefs von Francesco Pianta beinahe einen Schlaganfall: Sie sind unglaublich geheimnisvoll, stecken voller Metaphern, sind vollgepfropft mit Symbolen – ein barocker Überfluss, der eigentlich nie Erwähnung findet.

Wenn ein Spaziergang von wenigen Stunden genügt, dich in einen derartigen Zustand zu versetzen – wie muss es da erst den Venezianern gehen! Die Touristen haben es gut: Sobald sie ein großartiges Bauwerk vor sich haben, neutralisieren sie die ästhetische Radioaktivität, indem sie diese auf ein Foto oder ein Video bannen. Und die Einwohner? Zuviel Schönheit schadet der Gesundheit. Von morgens bis abends diesen Wundern ausgesetzt, absorbieren die armen venezianischen Augen die ästhetische Radioaktivität, bis sie ganz schlaff und deprimiert werden, jeden Lebensfunkens beraubt. Nicht umsonst nannten die Bewohner der *Serenissima* – der Durchlauchtigsten – sich selbst *Serenissimi*, was auch so viel heißen kann wie ›von krankhafter Gelassenheit‹, ›betäubt‹, ›wie in Trance‹. In einem Roman von Henry James reist ein Londoner Anarchist nach Europa. In Venedig erschüttert ihn die Schönheit der Stadt; die Deckengemälde Veroneses ändern sein Leben. Er kehrt nach London zurück, um ein Attentat zu begehen, hat jedoch mittlerweile dem Terrorismus abgeschworen; er hätte einen Herzog umbringen sollen und begeht nun stattdessen Selbstmord. Das verdankt er Venedig.

Zum Glück sind in den letzten Jahrzehnten ein paar geniale Gegenmittel gegen diesen Zauber erfunden worden. Das erste, leicht, temporär, aber sehr wirksam, sind die mit synthetischen Stoffen verhängten Gerüste bei Renovierungsarbeiten, die zuweilen auch als Bretterzaun auftreten. Deshalb nämlich ziehen sich diese Arbeiten immer endlos hin: Sie sind nur ein Vorwand, um die tödlichen Fassaden so lange wie möglich zu verstecken. Die

Baugerüste sind ein nukleares Moratorium wie für die Sprengköpfe der atomaren Cruise Missiles: In Venedig dienen sie dazu, die zerstörerische Energie der nuklearen Fassaden zu zügeln.

Die andere Methode ist das Bauwesen, radikaler, leider aber auch weit weniger praktikabel. In der Stadt ist nicht einmal mehr Platz für eine neue Hundehütte. Venedig ist mit Vergangenheit vollgestopft, die leider von fataler Schönheit ist. Dennoch: Sobald sich die Gelegenheit bietet, sorgen die Architekten dafür, den venezianischen Augen ein wenig Erholung zu verschaffen. Nimm den Vaporetto, der den Canal Grande entlangfährt. Als genügten vier Kilometer Paläste an dieser s-förmigen Wasserstraße nicht, mündet der Kanal am Ende in den Bacino di San Marco. Gerade hast du die Basilica della Salute und die Punta della Dogana hinter dir gelassen, und schon erwarten dich jenseits der Mündung zur Rechten die Isola di San Giorgio, zur Linken die *zecca*, die Münzprägestätte, die Biblioteca Marciana, der Uhrenturm, die Basilika von San Marco, der Campanile, der Dogenpalast, die Seufzerbrücke, die Gefängnisse! Du bist kurz davor zu platzen, ganz ermattet von all diesen Gnadenstößen, da rettet dich der Anbau des Hotel Danieli, taucht in letzter Minute dir zum Heile auf, und du fängst dich wieder, als dein Blick auf jenen tröstlichen Bunker des Grauens fällt. Wie könnte man in San Moisè überleben, wenn daneben nicht der Neubau des Hotel Bauer Grünwald stünde? Euch sei von Herzen gedankt, ihr Architekten des 20. Jahrhunderts, von Augen sei euch Dank, für die Sparkasse auf dem Campo Manin, für die Sozialversicherungsanstalt, das Gesundheitsamt und die Elektrizitätsgesellschaft am Rio Novo, die Invaliditätsversicherungsgesellschaft in der Calle Nova di San Simón.

Deshalb also verehrt die Stadt die heilige Lucia so sehr, die Schutzherrin der Augen. Jedes Jahr, am 13. Dezember, geht man in die Kirche San Geremia, hinter den Altar, und stellt sich in die Schlange vor dem gläsernen Sarg, betet neben der heiligen Mumie. Bis in die sechziger Jahre konnte man Lucia noch direkt in die leeren Augenhöhlen schauen, ihr vertrocknetes Gesicht wurde den Blicken der Gläubigen dargeboten. Die Venezianer und die Heilige tauschten einen heilsamen Blick: Die übervollen Augen der Anbetenden, aus denen die Rührung quoll, sahen sich den unzulänglichen, beim Martyrium herausgerissenen Augen der Heiligen gegenüber. Es war ein Allheilmittel, die Augen vor den leeren Höhlen der Lucia aufzureißen – die Pupillen der Venezianer tränten, die vom Schauen unerträglicher Schönheit stumpfen Linsen wurden wieder blank, eine sündige Iris reinigte sich von den ästhetischen Schlacken, die sich bei den Bewohnern im Laufe eines Jahres angesammelt hatten. Der Schrecken erteilte der Schönheit die Absolution.

Leider hat Patriarch Albino Luciani, der gute Hirt mit dem sensiblen Gemüt, einige Jahre bevor er Papst Johannes Paul I. wurde und der gesamten Christenheit enthüllte, dass Gott unser aller Mutter ist, verfügt, dass das Gesicht der Heiligen mit einer Silbermaske von anmutigen Zügen bedeckt werde.

Venedig wurde auf einem Kadaver gegründet. Vor tausend Jahren hat der Diebstahl der sterblichen Überreste des heiligen Markus der Stadt die Unabhängigkeit garantiert. Das muss der Grund sein, weshalb in der Stadt etliche Mumien in gläsernen Särgen ausgestellt und verehrt werden. Santa Lucia von Syrakus, aber auch der heilige Johannes der Almosengeber in der Kirche San Giovanni in Bragora, ein paar ägyptische Kadaver im archäologischen Museum an der Piazza San Marco, der Sarkophag von Nehmekhet und ein paar armenische Presbyter mit erweiterten Nasenlöchern, damit das Gehirn während des Einbalsamierungsprozesses auslaufen konnte, auf der Insel San Lazzaro degli Armeni. Außerdem eine wundersame Krokodils-Priesterin im Naturkundemuseum im Fondaco dei Turchi. Die Priesterin liegt inmitten von lauter ausgestopften Tieren, einer Waffensammlung, Gegenständen des Alltagsgebrauchs und afrikanischen Kunstwerken des 19. Jahrhunderts. In die Stadt gebracht wurde sie von dem am meisten vernachlässigten, glücklosesten und unbekanntesten der legendären venezianischen Reisenden. Denn in der Mitte des 19. Jahrhunderts machten sich nicht nur Engländer und Franzosen auf die Suche nach den Quellen des Nils. Auch Giovanni Miani hatte sie beinahe entdeckt, nachdem er Afrika abgeklappert und dort kostbare Perlen aus Muranoglas – die *contarìe* – verteilt hatte, die kostbarste Währung in den Ländern, die kein Geld kannten. Er hatte die Ruhr, Überschwemmungen und internationale Boykottbestrebungen und das Hohngelächter seines Vaterlandes überstanden. Seit seine Eselin gestorben war, ritt er auf einem Stier, er zog sich Zähne selbst, ließ sich auch durch misstrauische Eingeborene und nachts geflohene Träger nicht vom Weg abbringen. Ein paar Tagesmärsche vor dem Nyanzasee wurde er krank und musste wieder umkehren – eigentlich wollte er erneut dorthin, doch einige Jahre später überholten ihn John Hanning Speke und James Augustus Grant auf der Zielgeraden.

Und so beschreibt Miani das gläserne Reliquiar: »Man sieht hinter Glas eine Mumie mit goldenem Gesicht. Sie wurde in der Grotte gegenüber Manfalut gefunden, oberhalb der arabischen Bergkette, wo sich Millionen einbalsamierter Krokodile befinden. Als ich weiter in die Grotte hineinschritt, stieß ich auf menschliche Körper, die zwischen den großen Reptilien beerdigt waren, wie man hier sehen kann. Da sie hier entkleidet wurde, wissen wir, dass es sich um eine weibliche Mumie handelt, und daher glaube ich, dass es eine der von Herodot beschriebenen Priesterinnen ist, welche den heiligen Amphibien Nahrung gab, und als sie starben, wurden sie zusammen bestattet.«

Vor dem Evangelisten Markus war der heilige Theodor – Tòdaro auf Venezianisch – der Schutzpatron der Stadt. Die Tradition hat ihn verdoppelt: in einen General und einen Soldaten, um die Spuren zu verwischen. Doch die ursprüngliche Geschichte spricht eine klare Sprache: Theodor weigert sich, den heidnischen

Göttern zu opfern, und zündet nachts den Tempel der Kybele an. Die ersten Venezianer hatten also einen heiligen Terroristen angebetet; dann distanzierten sie sich jedoch von ihm und verbannten ihn auf eine der beiden Säulen der Piazza San Marco: So wurde Theodor in Venedig zum Säulenheiligen, ein büßender Eremit, der seine Sünden auf einem Kapitell zählt, fünfzehn Meter über der Erde. Er wird auf ewig mit seinem Feind zusammenleben, dem Drachen, der zu seinen Füßen liegt. Vielleicht ist dieses Untier das Böse, das man niemals ganz besiegt; vielleicht ist es sein Skrupel wegen der gotteslästerlichen Brandschatzung.

Venedig wurde in zwei Kriegen das Ziel von Bomben; zum Glück ist dabei nie etwas Ernsthaftes passiert – fast nie: Die Österreicher zerstörten im Ersten Weltkrieg die Decke der Chiesa degli Scalzi mit dem Fresko Giambattista Tiepolos. Schließe die Augen und stelle dir vor, es sei, wie so viele europäische Städte, dem Erdboden gleichgemacht und dann völlig neu erbaut worden. Mach die Augen wieder auf und schau die wiedererrichtete Stadt an: Du stehst oben auf dem Ponte della Costituzione des Architekten Santiago Calatrava. Du wendest dich zum Piazzale Roma: Von links nach rechts erblickst du den schmalen Kamin aus Backstein der einstigen Tabak-Manufaktur, die dunkle, spitz zulaufende Silhouette des neuen Gerichtsgebäudes, die Garage aus den 1930er Jahren, die Lagerhallen am Ufer, in denen heute Supermärkte Platz gefunden haben, und auf der anderen Seite des Kanals die Gebäude, die zum Bahnhof gehören. Es ist alles vorhanden: Wasser, Kanäle, Ufer, Brücken; doch es ist eine Ecke Venedigs in modernem Gewand, ein Fitzelchen ziemlich junger Architektur im Vergleich zum Rest der Stadt. Du stehst immer noch da oben auf der Calatrava-Brücke und fragst dich, ob es möglich gewesen wäre, Venedig völlig neu zu erbauen, sei es nun im 20. Jahrhundert oder auch später. Bestimmt wäre es mit den zur Verfügung stehenden Technologien leichter gewesen. Doch es geht nicht darum, ob es *machbar* gewesen wäre. Die Frage lautet vielmehr: Wäre es *denkbar* gewesen? Wären wir heute in der Lage, es zu *entwerfen*? Würden wir über die nötige moralische und visionäre Energie verfügen, um uns etwas Derartiges auszudenken? Eine Stadt ausgerechnet *hier* erstehen zu lassen?

Zeitgenössische Architekten haben versucht, den sozialen Wohnungsbau neu zu interpretieren: Luigi Bortoluzzi in San Girolamo, Vittorio Gregotti auf dem ehemaligen Saffa-Gelände in Cannaregio, Gino Valle und Cino Zucchi auf der Giudecca. Sie halten sich an die traditionellen Farben und Formen. Jedes dieser Projekte scheint gewissermaßen der Traum eines mittelalterlichen Maurermeisters zu sein, dem eines Nachts die Zukunft erschien und der dann aufgestanden ist, um mit seinen Mitteln das zu bauen, was ihm im Traum erschienen war.

Du schlenderst durch die Stadt. Schließ noch einmal die Augen und mach das Gedankenexperiment erneut: Venedig ist dem Erdboden gleichgemacht worden. Diesmal jedoch sind nur die Schatten der Häuser übrig, nicht die Häuser selbst. Keine einzige Mauer ist stehengeblieben, doch die Kontraste aus Licht und Schatten sind noch da: die schräg einfallenden Sonnenstrahlen, wie Dächer aus Licht über den abfallenden Schatten. Die Korridore aus kälterer Luft in den schmalen Gassen; die leuchtenden Pfützen der Plätze. Laufe durch diese Phantasien aus urbanem Helldunkel: Straßen aus dichtgedrängtem, zähem Schatten, Plätze aus pulverisiertem, loderndem Licht. Dies ist die Stadt, in der die sogenannten *veneziane*, sprich: Jalousien, erfunden wurden, jene Rollos aus waagerechten drehbaren Stäben, die das Sonnenlicht in einzelne Scheiben schneiden. Die Fenster der Häuser sind übertrieben nahe an die Kanten gebaut, sie beugen sich so weit wie möglich über den rechtwinkligen Bug der Gebäude vor, um so viel Licht wie nur möglich aufzunehmen, es daraufhin sogleich an die gegenüberliegende Wand zu werfen und von dort wieder ins Zimmer zurückprallen zu lassen. An deiner Zimmerdecke siehst du die leuchtenden Rechtecke, die sich überlagern und überlappen, als wollte das Licht sie abdrucken und schaffte es nicht, sie genau zur Deckung zu bringen. Du beugst dich zum Fenster hinaus und stellst fest: Es sind die Brechungen des Sonnenlichts, die unten vom Kanal ins Zimmer springen, nun tanzen sie an deiner Decke wie ausgestanzte Quadrate.

Geh jetzt runter auf die Straße, und du wirst weitere Lichtreflexe entdecken, die von den Kanälen auf die Fassaden der Häuser geworfen werden. Schau dir an, was auf dem Wasser mit dem Licht passiert. Tagsüber tritt an den Kanälen die Nahtstelle zwischen Wasser und Mauern in Gestalt einer leuchtenden Linie hervor: Das Licht intensiviert sich an der winzigen Krümmung, die durch die Oberflächenspannung der Wassermoleküle hervorgerufen wird, es erschafft diese parallel verlaufenden leuchtenden Leisten zu beiden Seiten des Kanals. Jacopo Tintoretto hat sie von dort abgetrennt und in ein Knäuel aus Licht verwandelt, als wären es optische Fasern oder Wolframfäden einer Glühlampe. Er hat sie verwendet, um seine Hintergrundfiguren zu malen: In der Scuola Grande di San Rocco wurden die Gläubigen am Ufer des Jordan, wo Johannes gerade Jesus tauft, mit einem Lichtpinsel hingetupft und verharren in diesem Lichtgewirr. Würde er heute leben, würde Tintoretto Digital Art machen und selbstleuchtende Displays benutzen.

Stelle dich neben eine Brücke, im Frühling oder im Sommer, wenn die Sonnenstrahlen auf den Kanal scheinen und vom Wasser auf die verputzte Innenwölbung der Brücke projiziert werden. Wenn das Wasser ruhig genug ist, siehst du die Reflexion eines Lichtgeflechts auf der Brückenunterseite, wie einen Drahtzaun, aber von einem stetigen Geschaukel durchzuckt. Die Spitzen der Rechtecke oder Rhomben ballen sich zusammen und wandeln sich in dahinstiebende Funken wie Wandeidechsen. Die Flächen der Vielecke wachsen und schrumpfen abwechselnd, als würden sie pulsieren, atmen. Auch wenn es sich unablässig bewegt, bleibt der Umriss intakt: Das Wasser scheint also nur unruhig zu sein, es bewahrt seine Form, obschon es oszilliert, es ist stets dynamisch, niemals starr. Plötzlich taucht ein Boot auf und fährt unter der Brücke durch. Kurzzeitig wird das Lichtspiel ausgeknipst, doch ein Lichtbogen wandert nun unter der Wölbung der Brücke hindurch und wischt jedes andere Bild beiseite: Es ist der Widerschein der Bugwelle. Alles verschwimmt: Das Gitternetz wird ersetzt durch einen Lichtklecks; hellere Flecken ballen sich zusammen und lösen sich wieder auf, es flackert und flimmert und blitzt, während zugleich ein zarter Morgenschimmer auftaucht. Der Verursacher dieses Schauspiels sucht das Weite: Der Steuermann des Bootes ist schon weg, wie ein Filmvorführer, der den Film nicht sehen kann. Nur du stehst noch da und wartest darauf, dass sich das Wasser beruhigt. Nach und nach verdichten sich die Lichtspritzer wieder, bilden sich die Lichtspuren und -striche heraus. Das Gitternetz ist wieder intakt, ein wenig anders als vorher, neue Funken sprühen. Das Licht nimmt Struktur an, lässt sich wieder klar definieren – Hauptsache, es darf sich selbst entwerfen. Die Oberfläche des Kanals hat eine andere Form angenommen; jetzt sind da winzige Wellen, die sich in unterschiedliche Richtungen bewegen, die leuchtenden Schaumkrönchen überlagern sich, ohne sich gegenseitig aufzulösen, als würden sie auf zwei unterschiedlichen Wasserspiegeln entlanglaufen. Das Licht unter den Brücken zeigt, wie Wasser beschaffen ist, es ist sein bewegliches Röntgenbild, sein fotografisches Raster.

Die netzartigen Leuchtobjekte, die das Wasser zurückwirft, indem es die Sonnenstrahlen auf die gewölbten Unterseiten der Brücken schleudert, sind der eigentliche Grund, weshalb Venedig entstanden ist.

Wohnst du im Erdgeschoss an einem Kanal, so sieh dir nachts die Decke deines Schlafzimmers am Fenster an. Die Transportkähne und die Gondeln sind schlafen gegangen; das Wasser ist jetzt ruhig. Das Licht einer Straßenlaterne hat eine diskretere Signatur als die Sonne, aber auch eine präzisere: Seine Reflexionen sind untadelig. Auf deiner Decke findest du die Kräuselung der Wasseroberfläche genau nachgezeichnet, das Licht bildet selbst die obenauf schwimmenden Krümel ab, die winzigsten Hälmchen, die das Wasser piksen, ihm Grübchen und Falten einritzen. Du stellst fest: Auch wenn der Kanal draußen ruhig zu sein scheint, ist das Wasser niemals still. Das Bild in dem Rechteck an deiner Decke wandert von einer Seite zur anderen, langsam zwar, aber es wandert. Das sind die Gezeiten, der Mond verrichtet seine Arbeit, er setzt die Lagune in Bewegung. Du schaust noch einmal zum Fenster raus und bemerkst: Es ist gar keine Straßenlaterne, es ist der Mond selbst, leuchtend weiß und rund, der die Strahlen der Sonne auffängt, sie auf den Kanal scheinen lässt und von dort an die Decke deines Schlafzimmers wirft. Endlich hat das Sonnensystem einen Sinn.

Tagsüber fragst du dich, welche Farbe Venedig hat. Was ist seine Hauptfarbe, was die repräsentativste? Vielleicht das Dunkelgrün der Kanäle. Du findest es überall, und diese Farbe drückt nicht so sehr sich selbst aus, sondern bewirkt etwas, verändert das, was sie umgibt. Sie nimmt die Farben der Häuser und der Brücken auf, und indem sie sie spiegelt, löst sie sie in sich auf; sie absorbiert den Dämmerschein des schlammigen Untergrunds, spiegelt Himmel und Palazzi, verdüstert sie. Sie wirkt als Harmonisierung der Farbtöne der Stadt hin zu gedeckteren Nuancen. Das Dunkelgrün betreibt Mimikry, es orientiert sich an den Fensterläden. Oder die Venezianer haben sich dafür entschieden, sie mit dem Grün der Kanäle zu streichen, so wie die Griechen ihre Fensterläden mit den Farben des tiefblauen Himmels bemalen.

1968 schüttete der argentinische Künstler Nicolás García Uriburu einen Eimer mit Fluoreszin in den Canal Grande, der Farbstoff reagiert auch bei großer Verdünnung: Das Wasser färbte sich in Neontönen, zu einem radioaktiven Zederngrün.

Du liest die auf die Mauern gezeichneten Namen der Gassen, Brücken und Plätze. Schwarze Buchstaben auf weißen

Rechtecken, auf einer Schicht Mörtel: Sie heißen *nissioéti* (oder *nizioléti*: Beides bedeutet »kleine Bettücher«). Von Zeit zu Zeit übermalen die städtischen Handwerker sie mit Pinsel und Farbe. Es ist vorgekommen, dass ein und derselbe Platz innerhalb weniger Meter zwei verschiedene Bezeichnungen trägt: Santa Margherita und Santa Margarita; die Heiligen Giovanni (Johannes) und Paolo (Paul) figurieren auf einem älteren Straßenschild als heilige siamesische Zwillinge: San Zanipolo heißen sie auf venezianisch, San Giampaolo auf Italienisch. Das sind keine philologischen Nachlässigkeiten der Maler und Anstreicher. Im 20. Jahrhundert hat es Gemeindeversammlungen gegeben, denen Dichter vorsaßen, die zu einer vermeintlichen Tradition zurückkehren wollten. Wie es in solchen Fällen geschieht, haben sie sie zum Teil neu erfunden.

Der genialste *nissioéto* ist der des »Campo San Zandegolà«, das heißt: »San Giovanni Decollato«, der geköpfte Johannes der Täufer, aber als ein Wort. Der Körper des armen Heiligen wurde vom Hals getrennt, aber zum Ausgleich wurde ihm das Partizip beigefügt. Es ist eine ambivalente Nahtstelle, keine euklidische oder Möbius'sche: Ihm wurde der Kopf nicht wieder angenäht, sondern die Verstümmelung selbst. So wie man sagt: Sankt Nimmerlein. In der venezianischen Variante spricht man übrigens nicht vom Kopf, sondern von der Kehle, *la gola*. Die Enthauptung des Johannes wird lautlich durch die dialektale Apokope nachgebildet: *degolà*. Wie alle sehr ausdrucksstarken Sprachen gelingt es dem Venezianischen, von allen möglichen Dingen so zu sprechen, dass stets der Umstand des Sprechens selbst im Mittelpunkt steht. Jedes Ereignis, selbst das Martyrium eines Heiligen, wird zum Vorwand, die Wörter selbst zu genießen.

2013 versuchte die Stadträtin und Philologin Tiziana Agostini die Nomenklatur der *nissioéti* zu vereinheitlichen. Sie bezog sich dabei auf den letzten Kataster der Serenissima Repubblica aus dem Jahr 1786. Sie hätte weniger Tumult verursacht, wenn sie den Verzehr frittierter Wanderratten verordnet hätte. *Nissioéti* mit doppelten Konsonanten! Vielen Venezianern ging es gegen den Strich, dass die Straßenbezeichnungen nun italianisiert werden sollten. »Calle della Madonnetta«, mit Doppel-n und Doppel-t, das kam ihnen vor wie eine blasphemische Beleidigung der Muttergottes, *per Gesetz* an die Wand geschrieben. Dass es in demselben Verzeichnis auch das Doppel-l in *calle* gab – wen scherte das? Das war schon immer so. Für sie war die »traditionelle« Schreibweise nun mal die mit einem l, obwohl im Venezianischen ein l zwischen zwei Vokalen gar nicht gesprochen wird: Obwohl man »calle« schreibt – man spricht es »càe«.

Es war eine großartige Zeit: Im Netz und in den öffentlichen Debatten waren alle von einem Tag auf den anderen zu Sprachkundlern, Geschichtswissenschaftlern und Straßennamenexperten geworden. Im vierten Jahrhundert nach Christus schlugen sich Homousianer und Homöusianer wegen der geringsten Unstimmigkeit hinsichtlich der wahren Natur Jesu Christi gegenseitig den Schädel ein. Im Winter 2013 forderten sich die Venezianer wegen eines zusätzlichen t oder z zum Duell heraus. »Die alveolaren Dentale müssen unangetastet bleiben!« – »Also, bei den semiokklusiven Affrikaten wäre ich nicht ganz so apodiktisch …« – »Verräter!« Es gab eiserne Verfechter der Wiederherstellung der »Calle de la Madoneta«, die den frevlerischen Neu-*nissioéti* mit Tinte zu Leibe rückten, sie mit Flecken übersäten und die verachtenswerten doppelten Konsonaten schwärzten. Nicht weit von meiner Wohnung entfernt blieb das Straßenschild »Ponte del Parrucchetta« lange Zeit in diesem Zustand: »Ponte del Par·uc·he·ta«. Es scheint eine Lappalie zu sein, doch offenbar stand etwas sehr Ernstes auf dem Spiel. Der Name einer Straße ist keine Plakette an der Wand: Vielmehr kristallisiert die Mauer die Wörter heraus, benennt sie sich selbst; so als riefe die Stadt sich beim Namen. Umso mehr gilt dies in Venedig, wo es keine Tafeln oder Schilder gibt, sondern die Bezeichnungen direkt auf den Putz gemalt sind, als wären sie von der Mauer *ausgeschwitzt* worden. Es wohnen immer weniger Venezianer in der Altstadt. Sich nun mit plötzlich italianisierten Namen von Gassen, Plätzen und Brücken konfrontiert zu sehen, gab ihnen das Gefühl, sogar aus den eigenen Straßen wie Abfall hinausgefegt zu werden, per Dekret der Gemeinde, also just dank der Institution, die sie in ihrem Zustand des gefährdeten Überlebens eigentlich unterstützen sollte.

Das unglaubliche Paradoxon ist dabei, dass die Wiedereinsetzung der Doppelkonsonanten sich auf die Tradition berief: auf die *nissioéti* des 18. Jahrhunderts! Wenn er im Dialekt schrieb, benutzte sie sogar Carlo Goldoni (um eine weniger bedeutsame *auctoritas* zu bemühen ...). In vielen Sprachen, zum Beispiel im Französischen, besteht ein großer Unterschied zwischen geschriebener und gesprochener Sprache.

Mich nervt es, wenn die Italiener uns Venezianer auf so gezierte Weise nachäffen; und das tun sie, indem sie unsere Art, die Worte auszusprechen, auf übertriebene Art karikieren, als wären wir Depen, weil wir keine Dopelkonsonanten sprechen: Es ist häslich, für derartige Trotel gehalten zu werden.

Das Venezianische mit festen Gruppen von Doppelkonsonanten transkribieren zu wollen, geht zu weit, finde ich; andererseits trifft es ein einfacher Konsonant auch nicht ganz. Anderthalb wären wohl richtig. Immerhin stellen wir fest: Das Venezianische macht sich einen Jux aus diesen Versuchen, es zu versteifen, es huscht davon, durch den schmalen Spalt zwischen der Umschrift mittels doppelten und derjenigen mit einfachen Konsonanten. Es gibt keine passenden Zeichen, kein Alphabet, das der mündlichen Versprachlichung gleichkommt. Die Schrift – eine Fiktion. Mündlichkeit – Anarchie! Das Gesprochene lässt sich nicht fassen.

Und nun setz dich hin und studiere dieses kleine toponomastische Glossar:

Es gibt nur eine *strada*, eine echte Straße, die Strada Nóva, die gegen Ende des 19. Jahrhunderts in das Labyrinth von Cannaregio gebahnt wurde, sozusagen als kleine Ausgabe der Haussmannschen antirevolutionären, weil barrikadenbrechenden Boulevards;

zwei *vie*, die Via XXII Marzo im Stadtteil San Marco und die Via Garibaldi im Stadtteil Castello. Die *calli* in der Umgebung der Via Garibaldi sind spektakuläre Betttuchparaden, ein einziges festliches Unterhosengeflatter, eine Sockengala von einer Hauswand zur anderen, manchmal auch schräg über einen *campiello* hinweg, auf Wäscheleinen, die Dutzende von Metern lang sind;

eine *lista* ist ein Corso, die *crosère* hingegen sind Kreuzungen;

(fast) alles andere sind *calli* (Achtung: immer weiblich, also Einzahl *la* calle, Mehrzahl *le* calli);

es gibt aber auch *rami* (»Äste«) und *rughe* (»Furchen«), die nicht unbedingt schmaler – oder hinfälliger! – als die *calli* sein müssen.

Warum nur heißen einige *calli* nicht *calli*, sondern *salizade*? *Salizada* kommt von *selciato* (gepflastert); ursprünglich waren die *calli* aus gestampfter Erde oder bestanden aus Ziegelsteinen, und die ersten gepflasterten Gassen konnten so von den anderen unterschieden werden: *salizada* ist also eine Bezeichnung, die Jahrhunderte überdauert hat, auch wenn sie ihre ursprüngliche Bedeutung verloren hat, weil die *maségni* inzwischen in der gesamten Stadt die Oberhand gewonnen haben;

ein *rio terà* ist ein zugeschütteter Kanal, der somit eigentlich zur *calle* geworden ist;

die *fondamenta* (Mehrzahl: *fondamente*) ist das begehbare Ufer, das heißt, eine Gasse mit Häusern auf der einen und einem Kanal auf der anderen Seite; die Bezeichnung ist ein Hinweis darauf, dass der Bereich mit Pfählen und Mauerwerk befestigt wurde; vor breiteren Wasserstraßen, am Canal Grande oder am Becken von San Marco, dem *bacino*, kann eine *fondamenta* auch einmal *riva* (Ufer) heißen;

canali sind nur der Canal Grande und der Canale della Giudecca, beide breit und tief, während fast alle anderen *rii* sind;

eher selten findest du größere Wasserflächen wie *bacini, darsene* und *pissìne*, was alles so viel wie Becken bedeutet;

ponti sind Brücken, von denen es etwa fünfhundert gibt;

piazza gibt es nur eine, die Piazza San Marco; alles andere ist ein *campo* oder *campiello*; in Erinnerung an die grüne Vergangenheit, als die *campi* (»Felder«) noch Weiden waren, wuchert heute im Sommer zwischen den Ritzen der *maségni* Grünzeug; San Pietro di Castello ist der einzige Campo, der nicht gepflastert und nach wie vor von Gras bedeckt ist;

corti (Höfe) sind *campielli* mit Sichtschutz, Innenräume aus Häusergruppen, man betritt sie nur durch einen einzigen Eingang, eine *calletta* oder einen *sottopòrtego* (eine Laube?); Letzterer ist ein rechtwinkliger Tunnel zwischen den Häusern.

Und wo wir schon einmal dabei sind, rasch noch zwei geläufige Bezeichnungen für architektonische Konstruktionen und Orte:

altana ist eine Dachterrasse aus Holz, die auf schlanken Steinsäulchen ruht, bei denen einem schwindelig wird;

squèro ist eine Gondelwerft.

Ende des Glossars.

Da du jetzt mit den üblichen Straßenbezeichnungen vertraut bist, möchte ich dich mit den Eigennamen bekannt machen.

Abgesehen von ein paar Ausnahmen, zumeist aus der Zeit des Risorgimento oder der Nachkriegszeit, etwa Via Garibaldi, Campo Manin oder Campo Nazario Sauro, verschmäht die venezianische Toponomastik den Personenkult – nur für die Heiligen gilt das nicht. Es gibt Straßen und Plätze, die sich auf Adelsfamilien beziehen, aber in der Regel sind die Straßen fast nie nach berühmten Männern oder Frauen benannt, Dogen oder Admirälen, Reisenden oder Musikern, nach Wissenschaftlern oder Künstlern, sondern meist nach Verbrechen oder volkstümlichen Gewohnheiten, gewöhnlichen Berufen oder Konsumprodukten.

Besorge dir unbedingt einen Führer, der dir die Hunderte bizarrer Straßennamen erklärt. Dies ist eine andere Art, die Stadt zu durchstreifen: Viele Gassen enthalten in ihrem Namen eine unglaubliche Mikro-Historie. Man meint, der neueste Klatsch aus dem Netz oder aus der Zeitung habe es auf die Mauern geschafft! Ich kann die Geschichten nicht alle anführen, es sind zu viele, eine schöner als die andere. Daher sei stellvertretend nun diese erzählt, in der ich auch gleich ein paar Straßenschilder erwähnen kann.

Vor fünf Jahrhunderten macht ein Arbeiter Mittagspause im Laden eines Wurstmachers, der per Gesetz berechtigt ist, auch Suppe mit Fleischeinlage zu verkaufen. Der Arbeiter löffelt gerade seine Schüssel mit *sguaséto* aus, einer Art Gulaschsuppe. Unter den Kutteln, Lungenstückchen, unter Milz und Ochsenschwanz, die in der Suppe schwimmen, ist auch ein Bissen, der sich nicht kauen lässt. Es ist ein Fingerglied, mit Fingernagel. So also enden die Kinder, die in San Simeone verschwinden! Der Arbeiter zeigt denjenigen an, der ihm die Suppe eingebrockt hat: den Metzger Biagio. Dieser gesteht und wird, an den Schweif eines Pferdes angebunden, über die Erde geschleift, vom Gefängnis bis zu seinem Geschäft, sodass er völlig geschunden dort anlangt. Im Laden haut man ihm die Hände ab; auf dem Rückweg, um keine Zeit zu verlieren, wird er mit der Zange gekniffen. Der mit der Kapuze verhüllte Henker, der angeblich in der *calle de la Testa*, der »Kopfgasse« wohnt, enthauptet ihn zwischen den beiden Säulen der Piazza San Marco; der Körper wird in Stücke geteilt, und die Glieder werden, zur allgemeinen Erbauung der Einwohner, öffentlich zur Schau gestellt, vermutlich auf den spitzen Stangen des *ponte di Squartài* (Schlachterbrücke), wie in solchen Fällen üblich. Der Metzger Biagio Cargnio, Serienmörder und Kinderverwurster, wurde auf dem Straßenschild in der *Riva di Biasio*, zu Beginn des Canal Grande, verewigt.

Hauptsächlich findet man in den Straßen jedoch Schilder mit den Bezeichnungen der alten Zünfte. Die Campi indessen tragen die Namen von Heiligen. In Venedig ist die Arbeit ein enger, die Religion dagegen ein sehr weiter Begriff.

Die Berufsbezeichnungen der Gassen stammen aus einer präfordianischen Ära: Calle dei Botèri (Fassmachergasse), Calle dei Saonèri (Seifensiedergasse), Calle dei Lavadori (Wäschergasse), Calle del Calderèr (Kesselschmiedgasse), Calle dei Fusèri (Spindelmachergasse), Calle dei Spezieri (Gewürzhändlergasse).

Die Heiligen auf den Campi gehören eher zur zweiten und dritten Stufe der himmlischen Aristokratie: Sant' Aponàl, San Boldo, San Basegio, San Cassàn, San Gervasio e Protasio, San Marcuola, San Provolo, San Stae, San Stin, San Trovaso. Eine Himmelsmafia hat sich die luftigsten Plätze reserviert, ein theologischer Staatsstreich hat den Gottessohn von den großzügigen Kirchplätzen vertrieben und in feuchte, ungesunde Winkel abgedrängt, unter die kleinen Ladenbesitzer und Handwerker: Christus und das Kreuz ersticken in einem Dutzend zweitrangiger Gässchen.

Venedig ist mit Kirchen vollgestopft. Es gibt sich religiös, ist aber aus theologischer Sicht eher anarchistisch veranlagt. Hier werden unzählige Heilige und Nebenheilige verehrt, seine Religion ist aus den Fugen geraten, in alle Winde zerstreut, völlig durchgeknallt.

Da du dir bereits angewöhnt hast, nach oben zu gucken, musst du auf »Meteoriten« achten: die Exkremente der Tauben natürlich, aber nicht nur diese. Ein Wolkenbruch genügt, und schon fällt feuchter Putz quadratmeterweise von den Wänden. Hagelstürme, Windböen der immer tropischeren Wirbelstürme reißen die Kamine herunter. Beispiele für venezianischen Steinschlag: Ein Händler, der auf dem Weg zur Arbeit in den Mercerie war, wird von einem Sims getroffen, das sich plötzlich von einem ersten Stockwerk über ihm gelöst hat. Eine ganze Hauswand stürzte in den Rio della Toletta, und gab hinter dem herabgefallenen Backsteinvorhang ein verblüfftes Mieterehepaar preis. Zum Glück kam in dem Augenblick des Mauerfalls an dieser Stelle des Kanals kein Boot vorbei. Der Teil eines Balkons stürzte mitten auf den Campo San Luca. Eine große Metallplatte rutschte vom Dach der Kirche San Simon Piccolo herab und verfing sich am Kranzgesims, wie eine Damokles-Guillotine blieb sie zwanzig Meter über den Hälsen der Passanten hängen. Ein dreißig Kilo schwerer Quader aus istrischem Kalkstein stürzte vom Dogenpalast herab, mitten in die Menge. Ein kleines Mädchen wurde gestreift; ein Splitter verletzte einen deutschen Touristen an der Wade.

Zahlreiche Anekdoten kursieren über herabgefallene Dachziegel, Mörtelfragmente, tonnenschwere Terrakottavasen *(pitèri)*, die plötzlich auf den Boden plumpsen, Geranien, die auf der Erde oder den Köpfen der Passanten zerspringen: Man sieht förmlich die Tonscherben, Blumenerde, Hirnmasse, Blütenblätter, Gebisse, Düngemittel und Augäpfel überall herumliegen. Wie die besten ihrer Traditionen hat die Serenissima diesen charakteristischen Volkssport ermutigt und zu einer Institution gemacht: In den Mercerie sieht man ein steinaltes Basrelief mit der bösen Alten darauf, die vor sieben Jahrhunderten von ihrem Sims eine Terrakottavase, einen Mörser oder Tontopf auf den Bannerträger Baiamonte Tiepolos stieß, worauf dessen Miliz ihrer Orientierung beraubt wurde und ihre Verschwörung gegen den Dogen Gradenigo in der Folge scheiterte. An einem Herbstnachmittag habe ich einen Mann gesehen, der sich auf dem Campo dei Frari aus dem Fenster beugte: Der Fensterladen saß auf einer rostigen Angel und stürzte, wenige Zentimeter am Kopf eines Passanten vorbei, auf die Fondamenta herunter. Wer behauptet, dass Venedig bald versinkt? Es fällt allmählich zusammen!

Es hagelt auch lebendige Tiere, von neidischen Jungfern zu Hause eingeschlossene Hauskatzen etwa. Während der Saison der Frühlingsgefühle miauen die Tierchen kläglich von den

Balustraden der Balkone herab, senden den glücklichen Streunern heiße Liebesgrüße zu. Die Straßenkater steigen aufeinander, manchmal sogar bis zu drei Tiere hoch. Von diesem unwiderstehlichen Schauspiel gepeinigt, gelingt es mancher Hauskatze nicht mehr, sich zurückzuhalten, ihr Begehren quillt über die Balustrade, und dann stürzt sie sich vom zweiten Stock, während die ärgerliche Herrin die ganze Wohnung nach ihr durchsucht. Zwei Wochen später stehen die Miezen glücklich, aber zerrauft wieder vor der Tür.

Nun aber ist es Zeit, dem Weltmeister aller Zeiten im Hinunterspringen ein Denkmal zu setzen, dem mythischen Heideggerschen Kater von der Giudecca.

Das besagte Tier, das auf den Namen Pucci hörte, liebte es – fast ein Jahrhundert ist das nun her –, auf einem Fenstersims in der dritten Etage ein Nickerchen zu halten und sich gewissermaßen glückselig in der Sonne zu aalen. Damit er von niemandem gestört wurde, ging Pucci auf die Terrasse hinaus, sprang aufs Geländer und von dort auf ein Fensterbrett nebenan, um sich vor die geschlossenen Läden zu legen. Wenn meine Urgroßmutter die Läden öffnete, sah Pucci sich ganz plötzlich ins Nichts gestoßen, er miaute vor Schreck auf und nahm blitzschnell die Position von Flughörnchen oder Affen mit Gleitschwänzen ein: Katzen wissen, wie man sich fallen lässt. Die Jungs, die unten auf der Straße spielten, behielten immer jenes Fenster im dritten Stock im Auge, und jedes Mal, wenn sie Pucci an seinen Platz auf dem Fensterbrett zurückkehren sahen, warteten sie eine halbe Stunde ab, bis der Kater friedlich eingeschlummert war, und riefen dann meine Urgroßmutter ans Fenster, die daraufhin auch gleich die Läden zurückschlug.

Man fragt sich oft, ob Tiere träumen können, ob sie ebenfalls von Alpträumen geplagt werden wie wir, etwa jene, in denen man ins Bodenlose fällt, Träume, die in sich selbst versinken, bis man sich in einem beruhigenden Schlummer auf dem

Kopfkissen wiederfindet. Betrachten wir nun die Erfahrung jenes Heideggerschen Katers, der, aus einem sanften Schlummer kommend, gleichsam die Augen auf den Fall gerichtet aufriss. In eben jenen Jahren erklärte der Philosoph Martin Heidegger, auf die Welt zu kommen sei ein wenig wie in sie hineingeworfen werden, sei ein Sturz des Seins, das sich in die Zeit hineinfallen lässt. Das Leben ist ein auf dem Fensterbrett schlummernder Kater, der beim Aufwachen plötzlich aus dem dritten Stock fällt.

Haut

Du hast Venedig durchstreift, aber etwas fehlt dir. Du möchtest Venedig aufsaugen, dich mit ihm verbinden, Teil davon werden, dich komplett darin einhüllen. Du gerätst in Versuchung, ins Wasser zu springen.

Tu's nicht. Es bringt dir eine gepfefferte Strafe ein, und du wirst der Stadt verwiesen. Touristen springen oft ins Wasser. Im Sommer natürlich, wenn die Hitze unnachgiebig ist. Zwei junge Norwegerinnen haben sich eines Nachts in der Nähe des Ponte dei Tre Archi in die Fluten gestürzt; erst als sie schon drin waren, fiel ihnen auf, dass noch jemand auf denselben Gedanken gekommen war: Wasserratten paddelten fröhlich um sie herum.

An einem kochend heißen Julinachmittag hörte ich einmal unten bei mir vorm Haus mehrfaches Plumpsen; drei junge Kanadier hatten Hosen und T-Shirts ausgezogen und sich vom Geländer der Brücke gestürzt. Sie kletterten am Fuß der Brücke wieder heraus und setzten sich in eine Bar, um etwas zu trinken, von Kanalwasser, Spirochäten und Kolibakterien nur so triefend. Ich weiß nicht, wie man auf so eine Idee kommen kann. Aber so ist es immer: Wer von außerhalb kommt und die Dinge zum ersten Mal sieht, kommt gern auf die aberwitzigsten Ideen, eine Mischung aus Naheliegendem, Grenzüberschreitung, Barbarei, Frechheit, Naivität, Dreistigkeit, Geistesblitzen und Kühnheit. Dasselbe könnte man von den angeberischen Touristen sagen, die sich während eines starken Hochwassers auf der Piazza San Marco an den Tischen eines der Cafés sitzend fotografieren ließen, so als würden sie einen Aperitif trinken, halbversunken in der eiskalten Flut. Und auf der Piazza San Marco war es auch, wo sich jemand einen Taucheranzug und Flossen überstreifte und zwischen Basilica, Campanile und den Procuratie herumschwamm.

Ein Freund erzählte mir, dass er es im Sommer einmal satthatte, mitten in der Nacht auf den Vaporetto zu warten, der ihn ans andere Ufer bringen sollte, also stürzte er sich in den Canale della Giudecca und überquerte ihn schwimmend.

Ich selbst bin in Venedig nie ins Wasser gestiegen, außerhalb, in der Lagune, da schon, aber in der Stadt ganz sicher nicht: Meine Gesundheit ist mir wichtig. Allerdings bin ich im ersten Traum meines Lebens, an den ich mich erinnern kann, einem Albtraum, zum Schluss ins Wasser gesprungen: Ich hatte die Aufgabe, den Kinderwagen mit meinem gerade zur Welt gekommenen Bruder zu schieben, doch der Ponte Papadopoli hatte keine Brüstung, und so landete ich im Rio Novo. Psychoanalytikern ist aufgefallen, dass die Venezianer oft davon träumen, ins Wasser zu fallen.

Als Jugendlicher habe ich einmal einen Winter des Schreckens erlebt. Wenn meine Freunde und ich durch die Calli und an den Fondamente entlangschlenderten, konnte es vorkommen, dass dich einer von ihnen urplötzlich ins Wasser stieß. Einfach so, um sich einen Scherz zu erlauben. Das war in jenem Jahr gerade angesagt. Du fandst dich mit Mantel und Schal im Kanal wieder, mitten im Januar. Mir blieb es zum Glück erspart.

Unsere Großeltern und auch unsere Eltern badeten noch im Bacino di San Marco. Angeblich war das Wasser damals schon nicht besonders sauber: Vielleicht gab es schlicht andere hygienische Standards. Wenn ich als Kind mit dem Vaporetto von einem Strandausflug zum Lido in die Stadt zurückkehrte, sah ich die kleinen Jungen, die sich in Castello von der Uferbrüstung und den kleinen Brücken stürzten, kopfüber, *in caorío*, selbst von den *brìcole*, den Holzpfählen, sofern sie dick genug waren. Hätte ich vor zweihundert Jahren gelebt, wäre mir abends Lord Byron begegnet, der gerade ein paar Schwimmzüge in Höhe des Rialto machte. 1818 forderte er einen Freund aus England und einen venezianischen Schwimmer heraus: Sie starteten am Lido und durchmaßen die ganze Strecke bis zum oberen Ende des Canal Grande. Byron brauchte vier Stunden und ging als Sieger hervor.

Die Protagonistin in *Sehnsucht*, einer Novelle von Camillo Boito, kommt zusammen mit ihrem Mann nach Venedig: Sie hat einen alten, vermögenden und einflussreichen Mann geheiratet, um ein angenehmes Leben führen und sich mit ihren jungen Liebhabern treffen zu können. Es ist das Jahr 1865, Venedig ist noch unter österreichischer Besatzung. Sie ist 22 Jahre alt und heißt Livia. An Kunst hat sie wenig Interesse, sie möchte die Stadt lieber auf eine andere Art erkunden: indem sie ins Wasser eintaucht. Während der Ausfahrten in der Gondel »tauchte ich meine nackten Arme bis zum Ellbogen im Wasser, wobei das Spitzenband, welches den kurzen Ärmel schmückte, nass wurde, und beobachtete, wie ein Tropfen nach dem anderen, gleich reinsten Brillanten, von meinen Nägeln perlten.« In der Mitte des 19. Jahrhunderts muss die Lagune also noch ziemlich sauber gewesen sein. Doch Livia begnügt sich nicht damit, nur den Arm ins Wasser zu tauchen. Sie schwimmt darin, zwischen San Marco und der Basilica della Salute: »Ich pflegte jeden Morgen in die Badeanstalt Rima zu gehen, die zwischen den Gärten des Palazzo Reale und der Landspitze der Dogana liegt. Ich hatte für eine Stunde, von sieben bis acht Uhr, eine *Sirena*, eines der Damenbecken gemietet, groß genug, um darin einige Schwimmzüge zu machen. Meine Zofe kam mit mir, um mich aus- und anzukleiden. Doch da niemand anderer Zutritt hatte, war ich nicht darum besorgt, ein Badekleid anzuziehen.« Livia schwimmt nackt im Herzen der Stadt. Von allen Menschen und literarischen Figuren, denen ich begegnet bin, ist sie diejenige, die Venedig wirklich vollauf genossen hat. Hören wir daher noch ein wenig, wie es ihr ergangen ist: »Oh, das schöne, smaragdene und klare Wasser, durch das ich die Bewegungen meiner Glieder bis hinunter zu den zierlichen Füßen sah! Manchmal waren auch ein paar silberne Fischlein in dem Becken. Ich schwamm, so weit die *Sirena* reichte, schlug das Wasser mit den flachen Händen, bis die weiße Gischt das durchsichtige Grün bedeckte; ich legte mich auf den Rücken, ließ mein langes Haar ins Wasser gleiten und versuchte einen Augenblick lang, bewegungslos vom Wasser getragen zu werden; ich bespritzte die Zofe, die davonlief; ich lachte wie ein kleines Mädchen. Viele breite Öffnungen in der Lattenwand direkt unter dem Wasserspiegel ließen das Wasser ein- und ausströmen, und durch die Ritzen in den undichten Wänden konnte man, wenn man das Auge dicht daran hielt, nach draußen sehen – den roten Campanile von San Giorgio, den Saum der Lagune, wo die Boote vorbeiglitten, und einen schmalen Streifen der Militärbadeanstalt, die sich in der Nähe meiner *Sirena* befand.«

Diese künstliche Badeanstalt ist eine schwimmende Kiste, die mit blauen und roten Zeltbahnen bedeckt ist; Wände und Boden sind aus Holz, doch zwischen einzelnen Brettern gibt es große Löcher: Eines Morgens gleitet der wunderschöne Remigio in das Becken der Sirena. So also beginnt ihre Liebesgeschichte, im »durchsichtigen Grün« Venedigs, im »smaragdenen und klaren Wasser«.

Heutzutage steigen am 1. Januar um zwölf Uhr mittags tollkühne Eisschwimmer jedweden Alters am Lido ins kalte Meerwasser und rütteln mit einem eisigen Schauder die schläfrigen Nachrichtensendungen an Neujahr wach. Doch das spielt sich am offenen Meer ab, am Strand der Adria. Jenseits des Lidos fand die sportliche Ertüchtigung in sogenannten »Schwimmbädern« statt – in Wirklichkeit waren das schlichte rechteckige Konstruktionen im Wasser der Lagune: an den Zattere und beim Bahnhof.

Gegen Ende des 19. Jahrhunderts beschrieb Guy de Maupassant die Kanäle als »schmutzig«. Wegen eines zum Scherzen aufgelegten Ingenieurs, so schrieb er, seien die Venezianer gezwungen, über ihre eigenen Exkremente zu navigieren.

Wem soll man Glauben schenken? War das Wasser früher sauberer oder nicht? Wird es je wieder so sein?

Im Frühjahr 2020, während des Lockdowns im Zeichen der Corona-Pandemie, gingen die Bilder der nun wieder klaren venezianischen Kanäle um die Welt. Vielen erschienen sie wie ein Symbol der ökologischen Wende: Eine Umkehr ist möglich. In Wahrheit war das Wasser nur deshalb klar geworden, weil nur wenige Motorboote unterwegs waren. Ihre Schiffsschrauben wirbeln den Schlamm auf dem Grund auf, die so entstehenden Stückchen schweben im Wasser und trüben es ein. Wenn du stehenbleibst und den vorbeifahrenden Motorbooten zusiehst, erkennst du die kugelförmigen Gebilde, die sie unter der Oberfläche der Kanäle im Schlepptau führen, gipserne Gewitterwolken, die im grünen Brackwasser treiben und die Wolken am Himmel imitieren.

Du möchtest Venedig spüren, auf deiner Haut. Möchtest, dass es ganz *deines* wird. Doch wem gehört Venedig wirklich? Denjenigen, die es ein paar Tage lang besuchen? Den Pendlern? Den Bewohnern? Allen und keinem?

Wenn du ein paar Tage in der Stadt bleibst, wirst du vermutlich einige verschiedene Typen von Venezianern begegnen. Das sind keine soziologischen Kategorien, sondern nur innerliche.

Der Aristokrat. Auch wenn er durchaus nichts Nobles an sich hat und aus einer bescheidenen Familie stammt, dünkt er sich doch in seiner Eigenschaft als Venezianer allen anderen Bewohnern des Veneto überlegen, einfach deshalb, weil er in Venedig lebt. Und wie jeder wahre Adlige hat er diese Überlegenheit nicht durch eigene Verdienste erworben: Er hat sie von seinen Vorfahren geerbt, die – auch dies sei nicht verschwiegen – die Stadt nicht gründeten, um den Barbaren zu entfliehen, wie die Historiker fälschlicherweise immer behaupten, sondern um sich die

Bewohner des Veneto vom Leib zu halten, die ihm einfach zuwider sind. Zu grob, zu banal – eine Trash-Version der Venezianer. Er hat ein Funkeln in den Augen, das besagen will: »Tja, so ist es nun einmal, du kannst ja nichts dafür, wenn du ein minderwertiges Etwas bist.« Er ist unwiderstehlich und faszinierend, aber nur kurze Zeit; dann wird er unausstehlich. Auch seine Drohgebärden haben etwas Heuchlerisches. Genau wie bei den echten Aristokraten.

Der Privilegierte. Ständig muss er beweisen, dass er mehr taugt als die Bewohner einer beliebigen anderen Stadt. Er wird als Profiteur angesehen, als Parasit, als Nutznießer vergangenen Ruhms. Nie wird er der Stadt, in der er lebt, gerecht werden können, es sei denn, er erbaut eine noch schönere, was ziemlich unwahrscheinlich ist. Sein Schuldkomplex führt zu den besten Absichten, die jedoch unweigerlich mit Groll verbunden sind: »Ich werde kein neues Venedig erbauen können; dann muss ich es wenigstens bewahren. Ich werde beweisen, dass es ohne mich untergehen würde. Diese Stadt, die mich seit jeher meine Unwürdigkeit spüren lässt, werde ich erniedrigen, indem ich sie rette.«

Der Melancholiker. Er ist zu Wartungsarbeiten verdammt, zur Bestandswahrung, ohne dass er etwas hinzufügen könnte, was nicht schon vorhanden ist. Und nicht nur das: Er weiß, dass auch dieses Unterfangen zum Scheitern verurteilt ist, weil die Stadt so fragil ist und früher oder später verfaulen, zerbröckeln, zusammenbrechen wird. Er kann das, was er vor Augen hat, nicht genießen, weil seine Haltung nicht an das rührt, was er vor sich hat: Er sieht immer nur die Vergänglichkeit darin. Daher erblickt er überall nur Gespenster: Er schaut auch durch dich hindurch, als sähe er durch transparente Schichten, lichtdurchlässige Vorhänge. Er geht durch Mauern, weil er sie bereits als eingestürzt wahrnimmt. So lässt er dich deine eigene Sterblichkeit spüren und verschafft dir einen plötzlichen Vitalitätsschub, ein unbezwingbares Bedürfnis zu genießen.

Der Ironische. Er ist sich seiner Unzulänglichkeit völlig bewusst. Egal was er sagt oder tut, er wird niemals mit dem konkurrieren können, was ihn umgibt: Venedig wird ihn stets übertreffen. Zugleich jedoch hat er, egal was er sagt oder tut, seine Umgebung stets bei sich (Venedig): Er drückt sich in Fragmenten aus, die aufs Ganze zielen (Venedig). Daher braucht er sich gar nicht zu bemühen, etwas Großartiges zu sagen oder zu tun: Das besorgt schon sein Drumherum, die Stadt selbst. Also kann er sich Spitzfindigkeiten widmen – etwa dem Errechnen des unermesslichen Abstands, der ihn von Venedig trennt. Er findet das nicht schlimm, das amüsiert ihn. Im Gegensatz zu den anderen Bewohnern des Veneto leidet er nicht an einem Unschuldskomplex. Er ist ein Freigeist, weil die Stadt ihm die Freiheit bietet, das Tüpfelchen auf dem i, der Geschmacksverstärker zu sein. Er braucht nicht zu kochen – das Essen ist schon fertig; Venedig wird ihm schon auf dem Tablett serviert, er braucht nur noch ein paar geistreiche Bemerkungen darüberzustreuen.

Der Exponierte. Er bietet sein Antlitz den Blicken zig verschiedener Kulturen dar, Tausenden von Augenpaaren, die sein Aussehen buchstäblich erschlagen. Seine Haut ist das Ergebnis millionenfacher Anschauungen, alle aus unterschiedlichen anthropologischen Perspektiven. Sein Gesicht zeigt keinen Ausdruck einer Persönlichkeit (vom Inneren zum Äußeren), sondern eine Zurschaustellung, die Summe unsichtbarer Ein-Drücke (vom Äußeren zum Inneren): eine Visage, deren Vielschichtigkeit von den vielen Augenpaaren stammt, die ihr die Form verliehen haben, wie eine fortgesetzte Schönheitsoperation, bei der die Blicke das Skalpell sind. Eine Statue aus noch weichem Ton, die unablässig von amerikanischen, deutschen, russischen, indischen oder chinesischen Blicken modelliert wird. Seine Haut ist feucht, nicht wegen der amphibischen Ausdünstungen des Lagunenmorasts, sondern weil sie ständig durch Tröpfchen aus unzähligen Augenpaaren besprüht wird. Man könnte bei ihm auch von einem Kosmopoliten sprechen: nicht weil er die ganze Welt bewohnt, sondern weil er von ihr bewohnt wird. Sein Blick ist undurchdringlich von den vielen Ablagerungen anderer, ist schwer und tief; dann wieder ist er transparent, ganz leicht, jeglicher Persönlichkeit beraubt, da er ein ums andere Mal alle Persönlichkeiten beherbergen muss, die durch ihn hindurchgleiten.

Der Überlebende. Er glaubt, eine im Aussterben begriffene Art zu sein: In der Stadt leben nur noch wenige Tausende Menschen, immer weniger. Das verursacht ihm einen Schauder, er hat das Gefühl, etwas Besonderes zu sein, weil er zur seltenen Spezies wird. Möge sich die Stadt nur weiter entvölkern! Mögen es nur noch wenige Hunderte Einwohner sein! Dadurch wird er nur noch außergewöhnlicher. Wenn du Ausländer bist, schaut er dich an, als müsstest du ihn, als Venezianer, zwangsläufig interessant finden, wenn nicht gar verführerisch. Wenn du selbst Venezianer bist, betrachtet er dich weniger als Komplizen als vielmehr als Konkurrenten, als einen Prozentpunkt, der seinen statistischen Wert mindert: Er wünscht sich, du mögest verschwinden, sei es durch Emigration oder durch Tod, Hauptsache, du machst die Fliege und lässt ihn als einzigen authentischen Venezianer zurück.

Der Authentische. Er bemerkt all das gar nicht. Er spricht venezianischen Dialekt; das Italienische ist eine Fremdsprache, die er, wie man so schön sagt, »kauen« muss: er zermahlt, zerhackt sie. Seine Haut ist ein Fragment der Stadt, denn er ist die Stadt selbst, er gehört dazu, ist Teil von ihr, so wie ein Stückchen Mauer oder Stein oder, besser, wie eine Statue. Genau, er ist eine lebende Statue, und als solche kommt er aus den Tiefen der Vergangenheit, obwohl er ganz an der Oberfläche wohnt, in seinem vollkommenen Sich-seiner-selbst-nicht-bewusst-Sein, denn das Material, das seine Statue inwendig überzieht, ist dasselbe wie seine Haut. Und seine Haut ist ein Stück von einem Bühnenbild, dessen lebendiger Teil er ist, ein aus dem Hintergrund ausgeschnittener

Schnipsel, der laufen und sprechen kann und dich lachend anschaut.

Und ich? Wie fühle ich mich inmitten von alldem? Ich finde mich zugleich in jeder und in keiner dieser Kategorien wieder.

Zum letzten Mal bin ich vor ein paar Jahren umgezogen, in eine Wohnung im dritten Stock eines Hauses an einem Kanal. Es war ein grauer Februarmorgen, der Himmel hatte dieselbe Farbe wie das Straßenpflaster. Die Männer von der Umzugsfirma kamen mit einem breiten, schweren Kahn. Sie luden das Mobiliar an der Uferstraße ab und beförderten es mit einem Möbellift nach oben, wie man ihn verwendet, wenn es keinen Aufzug gibt oder die Treppen zu schmal sind, um die Sachen nach oben zu tragen. Meine Regale, die Einzelteile meines Betts, alle Möbel wurden auf diese kleine Plattform gestellt, die dann an einer Schiene nach oben fuhr. Sie fuhren langsam hinauf, schwankend; durchs Fenster betraten sie meine Wohnung. Innerhalb weniger Stunden hatten die Möbelpacker sie hinaufgehievt, in den Zimmern verteilt und montiert. Am Ende dieses Tages, als sie wieder weg waren, schaute ich die Mauern an, die mich umgaben; ich ging von einem Zimmer zum anderen und rief dabei freudig aus: »Ab sofort essen wir hier, schlafen wir hier, wachen wir hier auf!« Dann ging ich nach unten, um mit einer Flasche Prosecco darauf anzustoßen. Als ich die Haustür aufmachte und auf die Straße trat, sah ich einen Mann und eine Frau, die, genau wie ich, gerade eine Tür schlossen, direkt neben meiner. »Meine neuen Nachbarn!«, dachte ich voll freudiger Erregung. Heute begann eine neue Lebensphase, also machte ich einen Schritt auf sie zu, breitete die Arme aus, stellte mich mit strahlendem Lächeln vor und sagte: »Hoffentlich haben die Packer nicht zu viel Unruhe verursacht!«

Der Mann und die Frau sahen mich neugierig an.

»Ich bin Ihr neuer Nachbar!«, setzte ich zur Erklärung hinzu.

Sie wechselten einen Blick. »*Prego*?«, fragten sie. Sie sprachen Englisch.

Erst da begriff ich, dass es sich um zwei Touristen handelte. Offenbar waren es Gäste einer privaten Zimmervermietung, sie waren wohl nur wenige Tage in der Stadt in der Behausung nebenan.

Ein Missverständnis, kein Zweifel. Und doch hatte ich genau das Richtige getan, indem ich mich ihnen vorgestellt hatte, in dem Glauben, sie besäßen die älteren Rechte. Ohne es zu ahnen, hatte ich absolut folgerichtig gehandelt und dabei ins Schwarze getroffen. Die echten Bewohner Venedigs, das waren sie, auch wenn sie nur ein einziges Wochenende in ihrem Leben dort verbrachten.

Ich wohne neben Touristen. Nicht genug damit, dass ich Fremden auf der Straße begegne, nein, die Touristen sind meine Nachbarn! Ich bleibe hier, bin immer der Gleiche. Sie dagegen ändern sich laufend, sind nie dieselben. Meine Beständigkeit stößt angesichts ihrer Wankelmütigkeit an Grenzen. Mein Schicksal ist es, unter Menschen zu leben, die sich ohne Unterlass abwechseln. Ich lebe im ständigen Wandel. In der trügerischen Hoffnung, mich im Sein einzunisten, bin ich nichts als ein Untermieter des Werdens.

Wird Venedig also nur von Touristen bewohnt? Schau sie dir an. Sie kommen an, schlendern herum, essen, kaufen jene Gegenstände, die extra für sie produziert wurden: sie stürzen sich auf das erstarrte Spiegelbild ihrer selbst. Überall sprießen Restaurants, Bars, Hotels, private B&Bs, Läden mit Nippes und Fake-Souvenirs, die es nur gibt, weil es Touristen gibt. Es ist ein venezianisches Spiegelkabinett. Eine Ökonomie der Oberflächlichkeit: als ob von Venedigs Körper lediglich die Haut intakt wäre. Und dieser Effekt zieht die Faulheit der Venezianer nach sich: Warum sich den Kopf zerbrechen, um neue Produkte und Dienstleistungen zu erfinden, wenn man sein Geld doch auch durch den Verkauf von Tramezzini verdienen kann?

Die Stadt ist an die Oberfläche getreten, sie hat sich auf der gesamten Epidermis ausgebreitet. Das ist kein neues Phänomen.

Wie du gesehen hast, liegen die Wurzeln dieser Tradition zwischen dem siebzehnten und dem achtzehnten Jahrhundert. Venedig zieht von den Muskeln in die Haut um, es zeigt sich gänzlich auf der Außenseite und macht ein Geschäft daraus; allmählich wurde es zum reinen Abbild.

Unterhaltung, Spektakel, Vergnügen. Venedig lancierte als eine der ersten Städte Europas die Kaffeemode. Hier ließen private Unternehmer erstmals Privatleute Eintritt für eine Opernvorstellung zahlen, die *Andromeda* im Teatro San Cassiano. Zu Beginn des achtzehnten Jahrhunderts schrieben Vivaldi und seine Komponistenkollegen Opern, die im alten Griechenland oder Rom spielten, unter Rittern des Mittelalters, im Mexiko der Azteken, in den fantastischen Reichen des Orients. Es gab Amüsement in jedweder Form. Öffentliche Spielsalons wurden installiert, um die Staatsfinanzen zu unterstützen. Elegante Clubs, Theater, Oper, Prostitution, Waisenhäuser, in denen die besten Komponisten für die kunstfertigsten Orchester der damaligen Zeit arbeiteten. Luxuswaren, kostbare Seiden, feinstes Kunsthandwerk. Darüber hinaus, du hast es ja schon gehört, diente die Karnevalszeit nicht nur der Befriedigung der permanenten Feierlaune der Venezianer. Sie lockte auch Reiche aus dem Ausland an, es war eine Initiative, sie zum Geldausgeben zu bewegen, Empfänge und Feste zu geben oder inkognito zu schlemmen und zu schwelgen, in Maskerade zu prassen und so viele Devisen wie möglich in der Stadt zu lassen.

Außerdem kehrten die Reisenden mit Gemälden und Drucken in ihre Heimat zurück, mit Bildern der Stadt, nicht nur Stadtansichten und Landschaften, sondern sogar Darstellungen von Herrschern im Kostüm. Sie kauften Veduten und Panoramen, aber auch Szenen, in denen die Rituale der Politik, die Prozessionen mit dem Dogen an der Spitze, nicht mehr furchtgebietende Zurschaustellungen der Stärke, sondern harmlose Paraden waren, exotische Gebräuche einer alten, geschwächten Macht, die zu den anderen Souvenirs gehängt wurden, neben den Stich eines tätowierten Indigenen und einer Chinoiserie. Im achtzehnten Jahrhundert macht Venedig niemandem Angst, es ist eine verschrobene Seltsamkeit: *une délicieuse absurdité*, wie Voltaire es ausdrückt.

Canaletto nimmt das Poster und die Postkarte vorweg. Venedig verkauft sein eigenes Image. Allmählich gewöhnt sich die Stadt daran, nichts Neues, nichts anderes von sich aus hervorzubringen, sie macht es sich mit ihrem Namen bequem. Ihr wird bewusst, dass es genügt, »Venedig« zu sagen, um Eindruck zu schinden. Es lohnt ja nicht, andere Bezeichnungen, neue Sätze, Themen, Bilder, Anregungen zu erfinden. Es reicht schon, bis zum Abwinken »Venedig, Venedig, Venedig« zu sagen. Der Weltöffentlichkeit ist es recht. Bezaubert hört sie dir zu.

Die Versuchung, von der Rendite zu leben, ist groß, daher erfindet Venedig sich auch als Gegenentwurf seiner selbst, als Quelle der Novitäten und der Avantgarde: Ende des neunzehnten Jahrhunderts ruft es die Biennale zeitgenössischer Kunst ins Leben, in den 1930er Jahren die Filmfestspiele – und diese »Mostra internazionale d'arte cinematografica« begründet offiziell, dass auch Kino Kunst ist.

Vor einem Jahrhundert unterbrach der Erste Weltkrieg den Zustrom der Touristen und brachte die lokalen Handwerksbetriebe zum Erliegen; schon nach wenigen Monaten herrschte Hungersnot in der Stadt. Die Venezianer unterzogen sich der Selbstkritik und stellten fest, dass zu viele Dinge auf einer einzigen Einnahmequelle basierten: der »Fremdenverkehrsindustrie«. Sie nannten sie in jenen Jahren so, in den Kundgebungen und den Zeitungen. »Fremdenverkehrsindustrie« ist ein lebendiges Bild, man sieht sie förmlich, diese Prägemaschinen, wie sie Touristen ausstanzen, einen nach dem anderen, und sie auf Förderbänder platzieren. Damals fragte man sich, wie man gegen das plötzliche Elend vorgehen könne. Da kamen sowohl die venezianischen Kapitalisten als auch die konservativen und die sozialistischen Politiker auf die Idee, auf die Schwerindustrie zu setzen, und siedelten an den Rändern der Lagune riesige Fabriken an, Werften, Ölraffinerien und Betriebe der Chemieindustrie. Eine eingeschobene Phase, die weniger als ein Jahrhundert dauerte und mit den globalen Veränderungen des Wirtschaftssystems zu Ende ging. Übrig sind noch bedeutende Schiffswerften und Hafenbetriebe, die das ökologische Gleichgewicht der Lagune beeinträchtigen und daher zusammen mit der Lagune auch Venedig zerstören werden, um einige Tausend Arbeitsplätze zu erhalten. Unterdessen setzt die Stadt mehr denn je auf die Karte »Fremdenverkehrsindustrie«. Die sich konsequenterweise dahingehend entwickelt hat, dass die Venezianer nun von den Fremden selbst ersetzt werden: in den Wohnungen, den Geschäften, den wirtschaftlichen Aktivitäten.

Doch bereits seit fast vierhundert Jahren ist Venedig diese Mischung aus Las Vegas, Broadway, Disneyland *ante litteram*. Und aus Pompeji. Venedig hat die Gesellschaft des Spektaktels begründet. Um sich zu retten, hat es sich selbst aufgegeben. Und indem es sich selbst aufgegeben hat, konnte es sich retten. Um zu überleben, begann es, sich selbst zu spielen, sich zu verkaufen, die eigene Selbstdarstellung feilzubieten: Szene, Bild, Unterhaltung, Kultur. Tourismus.

Doch auch schon vor Marghera war Venedig ein Ort der Industrie, und zum Teil ist es das heute noch. Es war auch einmal Muskeln, Pankreas, Nieren, Leber – nicht nur Haut. Seit dem Mittelalter gab es dort die Glasöfen und Schiffswerften. Im neunzehnten Jahrhundert dann die *fonderie*, die Gießereien, die Mühlen, die Spinnereien, Uhrenfabriken, Brauereien, Baumwoll- und Tabakfabriken. Die Gasse, in der ich als Kind Wettrennen mit dem Fahrrad machte, hieß Calle della Fonderia, weil hier die Fonderie Neville gestanden hatten. Sie waren Mitte des neunzehnten Jahrhunderts von einem schwedischen Industriellen gegründet worden und erstreckten sich vom Rio delle Muneghéte bis zur Chiesa di San Rocco, schlossen also auch das Haus ein, in dem ich aufgewachsen war. Sie waren so groß wie zwei Fußballfelder. Ursprünglich hatte dort eine Reithalle gestanden. Es ist, als würde man immer tiefere Zeitschichten freilegen: die Radrennen von uns Kindern und darunter die Gießerei und darunter wiederum die Pferde; wer sich auf der Oberfläche Venedigs bewegt, entdeckt ständig neue Schichten der Epidermis, übereinanderliegende Ebenen, abgelegte Hülsen, sowohl persönlicher als auch historischer Natur. Auch die Haut der Mauern birgt Überraschungen. Im Sommer 2020 wurde im Zuge von Restaurierungsarbeiten ein Teil der byzantinischen Mosaiken in der Basilica von Torcello entfernt. Die Archäologen trauten ihren Augen nicht: Darunter tauchten karolingische Fresken auf. Die Geschichte des Ursprungs der Stadt muss neu geschrieben werden.

Venedig ist niemals ganz *jetzt*. Nicht nur, weil das, was du vor Augen hast, vor allem seine Vergangenheit ist und das Heute im Fortdauern des Gestern besteht. Der Knackpunkt ist die Zukunft. Wollen wir die Stadt der Nachwelt übergeben, können wir sie nicht aufzehren, nicht bis zum letzten Tropfen genießen. Wer das behauptet, gehört zum nichtsnutzigen Teil der Menschheit, der sich oft nur bereichern will und blind ist – was aber verständlich ist, denn im Grunde fordern sie lediglich, so gut wie möglich zu leben, wie der Rest der Welt.

Doch in Venedig leben bedeutet, die eigene Gegenwart zu minimieren. Der Vergangenheit Platz zu machen, ihr viel Raum auf der Bühne zu gewähren, und auch der Zukunft zu ihrem Recht zu verhelfen: zu akzeptieren, dass wir nur Übermittler sind, Mieter, vorübergehende Bewohner, auch wenn wir dort geboren und aufgewachsen sind.

Die Zeit, in der wir in Venedig leben, ist wie ein Darlehen. Der Zukunft gegenüber verschulden wir uns gewaltig: Hier fallen Zinsen an. Ein Gutteil der venezianischen Gegenwart geht für die zu restaurierende Vergangenheit drauf, und für die Zukunft, der wir die Vergangenheit so unversehrt wie möglich übergeben wollen. Ich weiß nicht, wie viele Leute unter diesen Bedingungen leben wollten.

Und was bietet dir Venedig im Gegenzug? Eine unvergleichliche Lebensqualität und sehr viel Schönheit. Zugegeben, eine ziemlich klebrige Schönheit. Abgesehen von den Läden mit Krimskrams und Souvenirs ist Venedig ekelerregend: gar nicht so sehr seiner selbst wegen, als vielmehr aufgrund der Worthülsen, die es bei seinen Besuchern hervorruft: »Wie großartig! Wirklich bezaubernd! Was für eine Pracht!« Es ist die Welthauptstadt des Kitsches.

Ich habe dir soeben erzählt, was die historischen und wirtschaftlichen Motive für den Bau Porto Margheras waren. Allerdings habe ich nicht die ganze Wahrheit erzählt. Das Industriegebiet ist aus einem wichtigeren Grund entstanden. Bevor die Petrochemie Einzug hielt, ging die Sonne an einem leeren Horizont unter, bei Monselice und den Euganeischen Hügeln. Seit fast einem Jahrhundert geht sie jedoch zwischen den Schornsteinen unter, zwischen den Rauchfahnen, den Kränen und der Silhouette eines schwarzen Regenbogens, dem großen Halbkreis aus Rohren fürs Ethylen. Es ist Nachmittag; es ist Abend: Die Sonne geht unter, beginnt sich orange zu färben, wird immer röter; sie zerschmilzt und breitet am Himmel einen klebrigen Sirup von Rosa- und Violetttönen aus. Die Raffinerien sorgen für ihre chemische Neutralisierung. Die Schornsteine spießen den prallen Ballon auf. Ein dichtes Gestrüpp aus Fabriken tilgt den Romantizismus aus der Landschaft. Marghera wurde entworfen, um dem Kitsch des venezianischen Sonnenuntergangs wirkungsvoll entgegenzutreten.

Manchmal sorgen die klaren Tage für ein Gegenwicht zur Geschmacklosigkeit des Panoramas. Dann sieht Venedig wie ein Dorf in den Alpen aus. Ein nächtliches Gewitter hat die Luft gereinigt; die Bora hat den Staub weggefegt, der in der Atmosphäre waberte: Dann erheben sich die Campanili und die Kuppeln zu Füßen der Dolomiten. Von der lagunenseitigen Uferpromenade des Lido aus erkennt man die Umrisse und Gipfel der Berge: Cimon della Pala, Pala di San Martino und Cima di Fradusta oberhalb des Campanile di San Marco, die Croda Granda oberhalb der Basilika, den Monte Agner oberhalb von Santa Maria Formosa.

Du hast eine Allergie gegen alles, was Kitsch ist, es läuft dir kalt den Rücken runter, wenn du siehst, wie jemand eine Karnevalsmaske mit goldenem Spitzenbesatz kauft oder sich aus dem Vaporetto beugt, um ein Foto vom Palazzo Barbarigo zu schießen, der mit pseudohistorischen Mosaiken des ausgehenden neunzehnten Jahrhunderts verziert ist: Auf deiner Seele sprießen Pusteln und Pickel, sie bekommt einen Ausschlag. Du möchtest versinken, dich von der Menschheit absondern, einen Schlupfwinkel in der Abgeschiedenheit finden. Du kommst spät nach Hause, nach Mitternacht, siehst etwas übers Pflaster davonhuschen. Es sind Ratten, die deinen Schritten zu entkommen versuchen: Sie flüchten sich unter die Ritze eines Hauseingangs, springen erschrocken ins Wasser. Einer von ihnen gelingt es vielleicht, sich in ein schmales Rohr zu zwängen und unter den Häusern zu verschwinden. Das könnte eine Lösungsmöglichkeit sein. Haben sich nicht schon die frühen Christen in Katakomben verschanzt? Doch die Venezianer können nicht in unterirdische Gewölbe entfliehen. Die Stadt ist nicht unterkellert, es gibt keine Geheimgänge unterhalb der Straßen. Da sind nur wenige Krypten, und die sind flach und versinken halb im Wasser. Es gibt keine Zufluchtsorte im Wasser. Venedig wurde auf Schlamm erbaut, auf Pfählen und Bohlen, nicht auf richtigen Fundamenten: Venedig ruht auf der Oberfläche. Fürs Verstecken ist da kein Platz, ebenso wenig für das Bewahren einer authentischeren Identität als derjenigen, die man zur Schau trägt. Das Innere ist nach außen gekehrt, die Realität ist Gesicht, Fassade, Epidermis.

Und wer ist der wahre Champion im Kampf gegen den venezianischen Kitsch? Joseph Mallord William Turner. Aus meiner Sicht hat er alles begriffen. Er hat die Rhetorik der Schönheit durch die Waffen des Erhabenen aus dem Feld geschlagen.

Das Erhabene ist nicht die Schönheit. Es ist die Vision von etwas Grandiosem, das fasziniert und erschreckt. Nicht Anmut und Zauber: Anziehung und Schrecken, das ist das Höchste. Im Laufe seines Lebens hat Turner Gewitterwolken gemalt, die die Landschaft zerschmettern; Gletscherspalten und Schneestürme; die Verwüstung durch eine Lawine im Augenblick ihres Niedergangs; aufziehende Stürme auf offener See; Sturmwellen, im Hintergrund die Küste, unerreichbar; Schiffbrüche. Karthago im Gegenlicht der gleißenden Sonne. Hagel und Flammen, die das Ägypten der Pharaonenzeit überziehen. Der Ausbruch des Vesuvs im grellen Schein der Lavaglut. London in einer den ganzen Himmel überziehenden Feuersbrunst. Die Schlacht von Trafalgar. Der Tod rücklings auf einem fahlen Pferd. Dunkel dräuende Wolken am Vorabend der Sintflut. Der ganze Zauber, der ganze Schrecken des Erhabenen.

Während seiner Aufenthalte in Venedig hat er die Stadt auf vielen Aquarellen und Ölbildern verewigt. Auf einigen davon ist sie kaum zu erahnen.

Ein großes weißes Strahlen bedeckt die Leinwand. Hinter dieser leuchtenden, von farbsatten Pinselstrichen durchzogenen Schicht erkennt man Santa Maria della Salute; ihre Kuppel ist nur angedeutet: kaum mehr als eine Skizze inmitten der angedeuteten Silhouette des Canal Grande. Es ist kein schläfriger Nebel. Es ist Venedig, das entschwindet. Es entfernt sich von der Bildoberfläche, wird von seiner Haut absorbiert.

So wie er den Seebeben ins Auge gesehen hat, den Himmelskatastrophen, den Erddesastern, so hat Turner in den Abgrund der Zukunft geschaut. Die Stadt wird untergehen, aber ihre Paläste werden nicht senkrecht in sich zusammensinken, sondern: Sie werden vom Horizont aufgesogen, hin zum Fluchtpunkt. Es ist ein Abgrund, der sich nicht im Raum verliert, sondern in der Zeit. Venedig ist erhaben – faszinierend und erschreckend –, weil es seine Bestimmung ist, sich aufzulösen.

Bücher

Selbst eine schmale Bibliografie über Venedig würde Dutzende von Seiten umfassen. Zu jedem Kapitel dieses kurzen sinnlich-körperlichen Spaziergangs gebe ich dir einige Bücher an, die dir das, was ich nicht beschreiben konnte, viel besser erklären können; außerdem diejenigen, die ich zitiert habe.

Venezia è una città von Franco Mancuso ist unverzichtbar, um die Kriterien und Konstruktionstechniken der venezianischen Architektur und ganz generell die Stadtentwicklung kennenzulernen. (Corte del Fontego Editore, 2009; es gibt eine wunderschöne französische Ausgabe mit Hunderten von Illustrationen: Éditions de la revue Conférence, 2015).

Ein weiteres unentbehrliches Buch ist *Elements of Venice* von Giulia Foscari (Lars Müller Publishers, 2014), ein wahrer Augenschmaus, Bilder, Skizzen, Architekturzeichnungen, Übersichten und Grafiken, mit denen man sich die städtebauliche Grammatik Venedigs aneignen kann.

Die fischähnliche Gestalt Venedigs sieht man nicht nur auf dem Stadtplan. Neben dem inzwischen historischen Fotoatlas im Maßstab 1:1500 *Venezia Forma Urbis* (Comune di Venezia/Marsilio, 1985) gibt es inzwischen die Sammlung mit Luftaufnahmen *Venezia dall'alto*, von Armando Dal Fabbro, Maria Giulia Montessori und Riccarda Cantarelli (Jaca Book, 2014).

Der Venedig-Führer par excellence ist der Klassiker *Venezia e il suo estuario* von Giulio Lorenzetti (Edizioni Lint, 1994). Ursprünglich 1926 erschienen, wurde er 40 Jahre später neu aufgelegt; er wurde nicht aktualisiert, bleibt aber unübertroffen.

Ein zeitgenössischer Klassiker ist inzwischen *Corto Sconto. La guida di Corto Maltese alla Venezia nascosta* (Rizzoli, 2009) von Hugo Pratt, Guido Fuga und Lele Vianello. *Venezia vive. Dal presente al futuro e viceversa* von Angela Vettese (Mulino, 2017) zeigt, dass die Stadt nicht nur eine Reliquie ist.

Willst du wissen, wie du das meiste aus deiner Zeit in Venedig herausholst, lies am besten *A Venezia si cammina in fila indiana. Istruzioni d'uso per la città* von Fabrizio Berger (Tostapane Edizioni, 2019).

Um die Jugend, das Alter und die Wunder der Serenissima kennenzulernen, sei dir *Seerepublik Venedig* von Frederic C. Lane ans Herz gelegt (Prestel 1980); oder *La Repubblica del leone. Storia di Venezia* von Alvise Zorzi (Bompiani, 2001) und *Storia della Repubblica di Venezia. La Serenissima dalle origini alla caduta* von Riccardo Calimani (Mondadori, 2019), der auch eine Geschichte des venezianischen Ghettos verfasst hat: *Storia del ghetto di Venezia. 1516–2016* (Mondadori, 2016). Eine hervorragende Zusammenfassung bietet *Breve storia di Venezia* von Gherardo Ortalli und Giovanni Scarabello (Pacini Editore, 1990). Eine kritische Lektüre der historischen Quellen, die mit vielen Klischees aufräumt, ist *Venise triomphante, les horizons d'un mythe* von Élisabeth Crouzet-Pavan (1999). Alessandro Marzo Magno konzentriert sich in *La splendida. Venezia 1499-1509* (Laterza, 2019) auf ein Jahrzehnt des Wandels der Serenissima Repubblica.

In den letzten Jahren wurden in der Lagune viele archäologische Entdeckungen gemacht, die die Geschichte der Ursprünge der Stadt in neuem Licht erscheinen lassen. Auf der Insel Torcello leitet der Archäologe Diego Calaon Ausgrabungen, die immer wieder Überraschungen bereithalten. Eine sehr lebendige Darstellung mit vielen Illustrationen findest du in *Quando Torcello era abitata* (Regione del Veneto, 2013). Vielleicht steht dir ja auch der Sinn nach Klassikern? *Venezia. Nascita di una città* von Sergio Bettini (1978; Neuauflage 2006 bei Neri Pozza) und das umfangreiche Werk *Venezia origini* von Wladimiro Dorigo (Electa, 1983). Eine Synthese findet sich in *Sotto Venezia* von Luigi Fozzati (Corte del Fontego Editore, 2011). *Altino antica. Dai veneti a Venezia*, herausgegeben von Margherita Tirelli, dokumentiert die Funde, die im Museo archeologico di Altino ausgestellt sind (Marsilio, 2011).

Der Roman von Bohumil Hrabal mit dem Nägel einschlagenden Kind heißt *Ich habe dem englischen König gedient* (1971; Suhrkamp, 2008).

Die Beschreibung der unter Wasser eingepflanzten Bäume habe ich den wunderbaren Büchern von Paolo Barbaro entnommen, einem großartigen Autor und Ingenieur, dessen poetische Eindringlichkeit durch sein technisches Wissen noch verstärkt wird: *Lunario veneziano* (La Stampa, 1990); *Ultime isole* (Marsilio, 1991), *Venezia l'anno del mare felice* (Mulino, 1995); *Venezia. La città ritrovata* (Marsilio, 1998).

Füße

In *Guida sentimentale di Venezia* (1942; Passigli, 2009) empfiehlt auch Diego Valeri, sich vom Zufall treiben zu lassen: »Durch Gassen und über Plätze zu schweifen, ohne einer bestimmten Route zu folgen, ist vielleicht das größte Vergnügen, das Venedig zu bieten hat.«

Shaul Bassi und Alberto Toso Fei haben Venedig mit den Augen William Shakespeares durchstreift und sind dabei auf den Spuren *Othellos* und des *Kaufmanns von Venedig* gewandelt, die zu der Frage Anlass geben, ob der große englische Dramatiker tatsächlich hier vorbeigekommen ist: *Shakespeare in Venice. Luoghi, personaggi e incanti di una città che va in scena* (Elzeviro, 2007).

Maurizio Dianese ist Journalist und Romanschriftsteller; er hat viele Interviews zum Thema venezianische Unterwelt geführt.

Nel nido delle gazze ladre ist ein dokumentarischer Roman, der aus den Quellen der Verbrechenschronik der lokalen Mafia und der illegalen Beförderung von Touristen am Tronchetto schöpft (Milieu Edizioni, 2017). Der französische Herr, der sich sein ganzes Leben an den leicht unebenen venezianischen Boden erinnerte, ist natürlich Marcel Proust, im letzten Band von *Auf der Suche nach der verlorenen Zeit* (*Die wiedergefundene Zeit*/*Le temps retrouvé*, 1927). *Löslicher Fisch* ist der Titel eines Buches von André Breton (*Poisson soluble*, 1924).

Beine

Carlo Goldonis *Il campiello* entstand 1756; *Le massere* 1755.

Das Zitat über die Kuppeln von San Marco stammt aus *Die Steine von Venedig* von John Ruskin (*The Stones of Venice*, 1851–1853).

Die Folter der Hoffnung wird in einer der *Grausamen Geschichten* von Auguste de Villiers de l'Isle-Adam (*Nouveaux contes cruels*, 1888) erzählt.

Joseph Brodsky war in *Ufer der Verlorenen* (1991) von den Balanceübungen der Beine während der Gondelüberfahrt fasziniert.

Die Geheimnisse des Ökosystems Lagune werden dargestellt in *La laguna di Venezia*, herausgegeben von Giovanni Caniato, Eugenio Turri und Michele Zanetti (Cierre Edizioni, 1995; Neuauflage mit Abbildungen, 2017), und in *La laguna*, herausgegeben von Antonio Giordani Soika (Corbo e Fiore, 1992); außerdem gibt es den Führer *Guida alla natura nella laguna di Venezia* di Giampaolo Rallo (Franco Muzzio Editore, 1996).

Ende der 1970er Jahre ruderten Maurizio und Giorgio Crovato durch die gesamte Lagune und führten dabei Interviews, aus denen eine Fotoausstellung und ein Buch hervorgingen, die beide heute noch nachhallen: *Isole abbandonate della laguna veneziana* (San Marco Press, 2008).

Es gibt wundervolle Romane, die auf den Inseln der Lagune spielen und Geschichten von heute erzählen. Zum Beispiel *Le ultime lezioni* von Giovanni Montanaro, der in Sant'Erasmo angesiedelt ist (Feltrinelli, 2019), und *Sommersione* von Sandro Frizziero, in dem die Insel Pellestrina kenntlich wird (Fazi, 2020). Eine sehr anschauliche Darstellung der auswärtigen Studierenden hat Marilia Mazzeo in *Acqua alta* (Theoria, 1998; Collirio, 2015) gegeben. Wenn du mehr auf historische Romane stehst, die dich zum Phantasieren einladen, wie Venedig und die Lagune in wenig dokumentierten Epochen ausgesehen haben mag, so hat Roberto Tiraboschi faszinierende Romane geschrieben, die zu Beginn des 12. Jahrhunderts spielen: *La pietra per gli occhi, Venetia 1106 d. C.* (Edizioni e/o, 2015); *La bottega dello speziale. Venetia 1118 d. C.* (e/o, 2016); *L'angelo del mare fangoso. Venetia 1119 d. C.* (e/o, 2018).

Isabella Panfido erzählt in ihrem *Lagunario* sehr einfühlsam die Legenden und Geschichten großer und kleiner, bekannter wie unbekannter Inseln in der Lagune (Santi Quaranta, 2016).

Bücher über Boote: Gilberto Penzo, *Barche di Venezia* (Libreria Editrice Il Leggio, 2006); Carlo Donatelli, *La gondola. Una straordinaria architettura navale* (Arsenale, 1994); Alessandro Marzo Magno, *La carrozza di Venezia. Storia della gondola* (Mare di Carta, 2011).

Primo Levis Erzählung heißt »Quaestio de Centauris«, in *Der Freund des Menschen* (zuletzt 2008; ital. Original *Storie naturali*, Einaudi, 1966).

Das Fang- und Aufzuchtsystem der Fische sowie die Jagd mit dem Holzfass wird beschrieben und illustriert in dem Band *Valli Veneziane. Natura, storia e tradizioni delle valli da pesca a Venezia e Caorle* (Cicero Editore, 2009).

In *Venezia è laguna* drückt Roberto Ferrucci das Unbehagen vieler angesichts der riesigen Kreuzfahrtschiffe in den Kanälen der Stadt aus (Helvetia Editrice, 2019).

Verschiedene Beschreibungen der Ursachen des Hochwassers und der diversen Rettungsprojekte in Venedig: *Dove volano i leoni. Fine secolo a Venezia*, di Gianfranco Bettin (Garzanti, 1991) sowie die prägnanten Publikationen bei Corte del Fontego: Paolo Pirazzoli, *La misura dell'acqua* (2011); Edoardo Salzano, *La laguna di Venezia* (2011); Giannandrea Mencini, *Fermare l'onda* (2011); Rossana Serandrei Barbero und Sandra Donnici, *Le età della laguna* (2013); Lidia Fersuoch, *Confondere la laguna* (2013); Lorenzo Bonometto, *Il respiro della laguna* (2014); Rossana Serandrei Barbero und Sandra Donnici, *A caccia di barene* (2014).

Nicht erwähnt habe ich in diesem Buch den Komplex rund um das Mo.S.E. (Modulo Sperimentale Elettromeccanico), das System beweglicher Fluttore, das an den Öffnungen zwischen Lagune und Adria installiert wurde, um die Stadt vor Hochwasser zu schützen. Es ist eine verzwickte, leidvolle Geschichte, die Wut und Ohnmacht hervorruft: Kapitalismus, Bürokratie und Politik haben jeglichen Widerspruch oder mögliche Alternativen im Keim erstickt. Vielleicht funktioniert es, aber das Ökosystem wurde für immer verändert, und es wurde einer der größten Skandale der italienischen Republik daraus: 2014 sahen sich Politiker, Unternehmer, Anwälte, ein hoher Beamter der Steuerbehörden darin verstrickt, es kam zu Verurteilungen wegen Bestechung, illegalen Geldzuwendungen und diverser anderer Straftaten. Die Hintergründe werden dargestellt in *Salvare Venezia. Il* MOSE. *50 anni di ritardi e sprechi* von Giorgio Barbieri und Francesco Giavazzi (Rizzoli, 2020); in *Sotto il segno del Mose* von Giovanni Benzoni und Salvatore Scaglione (La Toletta Edizioni, 2020); in SOS *Laguna. Salviamo Venezia e la sua laguna dai prenditori ingordi e dai tecnici e politici senz'anima* von Luigi D'Alpaos (Mare di Carta, 2019); und in dem kleinen Band von Lidia Fersuoch, *A bocca chiusa. Sipario sul Mose* (Corte del Fontego, 2014). Giovanni Montanaro hat sich vom Hochwasser des

12. November 2019 zu einem kurzen Roman inspirieren lassen: *Il libraio di Venezia* (Feltrinelli, 2020).

Die Geschichte der Symbiose zwischen Stadt und Lagune beschreibt Piero Bevilacqua in *Venedig und das Wasser: ein Gleichnis für unseren Planeten* (Campus, 1998).

Herz

In der ersten Auflage dieses Buches habe ich folgende Angaben zu den Zitaten zu Beginn des Kapitels gemacht: Die Polemik zwischen Tadeusz Zulawskij und Isaak Abrahamowitz ist abgedruckt in der Zeitschrift *Pàthema*, Jahrgang XVII, Nr. 33, Juni 1997.

Das Interview mit Oscar Krickstein ist in der Nr. 48 des amerikanischen Magazins *Supermuscle* im April 1997 erschienen.

Das namenlose Gedicht von Costanza Fenegoni Varotti stammt aus der Sammlung *Laguna ardente* (Edizioni del Crepuscolo; ich danke der Autorin für die Abdruckgenehmigung).

Gary Fletchers Autobiografie ist in Italien unter dem Titel *La fusione tiepida* bei Scientifica Farolfi erschienen.

Alles falsch! Es sind apokryphe Schriften. Ich selbst habe sie verfasst. Sogar Wissenschaftler sind darauf hereingefallen, Philologen haben Costanza Fenegoni Varotti in ihren Aufsätzen erwähnt, als handelte es sich um eine tatsächlich existierende Person. Oh Costanza! Geisterhafte Gestalt meines literarischen Pantheons.

Der Vers von Andrea Zanzotto findet sich in dem Gedicht *Ormai*, aus der Sammlung *Dietro il paesaggio* (1951; Mondadori, 1999).

Antonio Manno hat alle Kapitelle des Palazzo Ducale entschlüsselt, in *Il poema del tempo. I capitelli del Palazzo ducale di Venezia. Storia e iconografia* (Canal e Stamperia editrice, 1999).

Hände
Die Geschichte der Schikanen, welche die Bauern erlitten, deren Wände abgekratzt wurden, schildert Vittorio Girardi in dem Artikel *I «tezoni» e la produzione di salnitro nella Serenissima*, (*Quaderni di oplologia*, Circolo Culturale »Armigeri del Piave«, 7, 1998).

Monografische Abhandlungen, die ausschließlich den verschiedenen Typen venezianischer Dollen gewidmet sind: Gilberto Penzo, *Forcole, remi e voga alla veneta* (Libreria Editrice Il Leggio, 2002); *Forcole*, herausgegeben von Saverio Pàstor (Cierre Edizioni, 2012).

Giorgio und Maurizio Crovato haben alle Regatten aufgelistet, die in der Stadt und ihrer Umgebung stattfinden: *Venezia è una regata. Guida delle Feste alla voga in laguna e oltre* (San Marco Press, 2014), das auf *Regate e regatanti. Storia e storie della voga a Venezia* (Marsilio, 2004) folgt.

Eine biografische Zusammenfassung über Elena Lucrezia Corner Piscopia, die erste Frau mit einem Doktorgrad, findest du in *Il mito di Elena* di Ruggero Rugolo (Corte del Fontego, 2013).

»El gondolier (Pope! Oeh!)« ist ein in Venedig sehr bekanntes Lied, das Umberto Da Preda 1972 gesungen hat.

Gesicht
Ein überaus informatives und reich bebildertes Buch über die Arten, sich in Venedig zu verkleiden, ist *Die Masken der Serenissima* von Danilo Reato (1988; Edition Bonn-Venedig, 2019).

Der Roman, in dem Henry James Venedig als Innenraum einer Wohnung definiert ist *Die Aspern-Schriften* (*The Aspern Papers*, 1888).

Die Reise ins Veneto, die Nathan Chytraeus unternommen hat, geht auf das Jahr 1579 zurück (*Iter Venetum*). Der Druckfehler Charles Kelsalls erschien in der Zeitschrift *The Pamphleteer*,

Nr. 23, 1818, in einem Artikel mit dem Titel *Remarks on the Venetian Republic.*

Ohren

Die geheimen Gärten Venedigs haben Cristiana Moldi Ravenna und Tudy Sammartini aufgestöbert (Editrice Arsenale, 2012, mit Fotografien von Gianni Berengo Gardin).

Der blinde Schriftsteller, der die Stadt dank des schlechten Wetters »sieht«, ist John M. Hull in *Im Dunkeln sieht man schlecht* (C.H. Beck, 2018; *Touching the Rock: An Experience of Blindness*, 1990).

Mund

Der Phonetikspezialist Luciano Canepari tüftelte eine elegante Transkriptionsmethode der venezianischen Laute aus und wandte diese unter anderem auf Texte einiger lokaler Reggae-, Funk- und Salsagruppen an, die Ende der Neunziger und Anfang der Nullerjahre aktiv waren, zum Beispiel Pitura Freska, Zoo Zabumba und Batisto Coco. Um Fehler zu vermeiden, habe ich sie hier lieber nicht benutzt.

Lorenzo Tomasin hat eine informative und leicht lesbare *Storia linguistica di Venezia* (Carocci, 2010) verfasst. Unwiderstehlich ist das *Sillabario veneto. Viaggio sentimentale tra le parole venete* von Paolo Malaguti (Santi Quaranta, 2011): Ausdrücke aus dem Veneto, die aber allesamt auch in Venedig verwendet werden.

Die außergewöhnliche Geschichte Pietro Querinis, der vor sechs Jahrhunderten nach Norwegen fuhr und den Stockfisch nach Venedig brachte, wird in dem Roman *Alla larga da Venezia. L'incredibile viaggio di Pietro Querini oltre il circolo polare artico nel '400* (Marsilio, 2008) von Franco Giliberto und Giuliano Piovan geschildert. Was die Gaumenfreuden der Lagunenstadt angeht, lege dir den Klassiker *A tola co i nostri veci* von Mariù Salvatori de Zuliani (Franco Angeli Editore, 1976) neben den Herd. Bliebe nur noch ein winziges Problem: Er ist auf Venezianisch geschrieben! Über die *bàcari*, die altertümlichen Schenken: Elio Zorzi, *Osterie veneziane* (1928; Neuauflage bei Filippi Editore, 1967). Eine umfangreiche Sammlung an Nachrichten und Dokumenten zur Versorgung der Stadt findest du in dem Katalog zu der wunderbaren Ausstellung *Acqua e cibo a Venezia. Storie della laguna e della città*, herausgegeben von Donatella Calabi und Ludovica Galeazzo (Marsilio, 2015).

Nase

Der Roman von Mario Rigoni Stern über den Rückzug aus Russland ist *Alpini im russischen Schnee* (Drei Brücken, 1954; ital. Original *Il sergente nella neve*, Einaudi, 1953).

Hunderte von venezianischen Sprichwörtern bietet Giovanni Antonio Cibottos Sammlung *Proverbi del Veneto* (1966; Giunti, 2002).

Einen Überblick über die Spiele venezianischer Straßenjungen findet man in *I giochi di quando eravamo ragazzi a Venezia, a Trieste, in Friuli* di Andrea Penso (Corbo e Fiore, 1999).

Der berühmte Passus aus der *Göttlichen Komödie*, in dem Dante das Pech der Schiffswerften des Arsenals mit der »pegola« vergleicht, dem Pech, in dem die Seelen von Betrügern sieden, findet sich im XXI. Gesang des *Inferno*, Vers 7–15.

Madonna Lisetta Querini ist die törichte junge Frau, die überzeugt ist, mit dem Erzengel Gabriel ins Bett gestiegen zu sein, und zwar in der zweiten Novelle des vierten Tags aus dem *Decameron*, die in Venedig spielt.

Shakespeares *Othello* ist eng an die Novelle vom »Mohren aus Venedig« aus den *Hecathommithi* (III, 7) des Ferraresers Giambattista Giraldi Cinzio (1565) angelehnt.

Lunardo ist der brummige *pater familias* in einem von Goldonis Meisterwerken, *Die Grobiane* (*I rusteghi*, 1760).

Die Contessa Livia, Protagonistin in Camillo Boitos *Sehnsucht* (DTV 2017; das italienische Original *Senso* von 1883), verdankt ihren Nachnamen Serpieri dem gleichnamigen Film von Luchino Visconti (1954).

Miss Bordereau siecht in Venedig in dem bereits erwähnten Roman *Die Aspern-Schriften* von Henry James.

Gustav von Aschenbach ist der berühmte Tourist in Thomas Manns *Tod in Venedig* (1912) und in Luchino Viscontis Verfilmung von 1971.

Andreas oder die Vereinigten ist Hugo von Hofmannsthals venezianisches Romanfragment (1930 postum erschienen).

Corto Maltese ist der hilfsbereite Abenteurer, quasi ein Dandy-Messias, der die ganze Welt bereist und ab und zu in Venedig Station macht. Seit 1967 existiert er in Comics oder vielmehr in der »gezeichneten Literatur«, wie sein Erfinder Hugo Pratt es formulierte.

Und schließlich Colin, der vor Marys Augen ein schlimmes Ende nimmt: Er stammt aus Ian McEwans Roman *Der Trost von Fremden*, in dem die Stadt äußerst genau beschrieben, aber niemals genannt wird (Diogenes, 1983; *The Comfort of Strangers*, 1981).

Augen

Der andere Roman von Henry James, mit dem reuigen Terroristen, ist *Prinzessin Casamassima* (*The Princess Casamassima*, 1886).

Eine Sammlung von Versuchen, der ästhetischen Radioaktivität Venedigs zu widerstehen, ist *Venezia minima* von Predrag Matvejević (*Druga Venecija*, Garzanti, 2009).

Ein Kompendium der Architektur des 20. Jahrhunderts sowie zeitgenössischer Architektur findet sich in *Venezia architettura città paesaggio*, herausgegeben von Bruno Dolcetta und Dunia Mittner (Mancosu Editore, 2005).

Aldo Andreolo und Elisabetta Borsetti haben alle Gedenktafeln der Stadt zusammengestellt in *Venezia ricorda. I volti, le vite e le opere dei veneziani e dei «foresti» che la città ha voluto ricordare nel marmo* (Le Altane, 1999).

Alle Geheimnisse der venezianischen Hausnummern, der *nissioéti*, werden in dem umfangreichen Band *Curiosità veneziane* von Giuseppe Tassini (1863; Filippi Editore, 1990) enthüllt; Paolo Piffarerio und Piero Zanotto haben daraus eine charmante Comicversion in der Reihe *I nizioleti raccontano* (Biblioteca de »Il Gazzettino«, 2012) erstellt.

Der große Gelehrte des 19. Jahrhunderts Giuseppe Tassini hat uns auch *Alcune delle più clamorose condanne capitali* e *Il libertinaggio a Venezia* (Filippi Editore) hinterlassen.

In den Büchern von Alberto Toso Fei findest du unzählige historische wie legendenhafte Persönlichkeiten, die die Gassen bevölkert und die Lagune heimgesucht haben. Hier eine Auswahl: *I luoghi e i racconti più strani di Venezia* (Newton Compton, 2018); *La Venezia segreta dei dogi* (Newton Compton, 2015); *Misteri di Venezia* (Studio LT2, 2012), *I segreti del Canal Grande* (Studio LT2, 2009), *Misteri della laguna e racconti di streghe* (Elzeviro, 2005).

Das Zitat über die Mumie aus dem Naturkundemuseum stammt aus Giovanni Mianis *Le spedizioni alle origini del Nilo*, veröffentlicht in Venedig von Gaetano Longo 1865. Eine mitreißende Rekonstruktion der Reisen Mianis anhand seiner Tagebücher verfasste Graziella Civiletti: *Un veneziano in Africa* (Eri-Edizioni Rai, 1991).

Alessandro Gaggiato hat alle Kirchen Venedigs in zwei Bänden aufgelistet: *Le chiese distrutte di Venezia e nelle isole della laguna* (Supernova, 2019); und *Le chiese esistenti a Venezia e nelle isole della Laguna vòlte ad altro uso o chiuse* (Supernova, 2020).

Haut
Während einiger psychotherapeutischen Sitzungen hat Roberta Guarnieri Träume von Venezianern aufgeschrieben, die zum Wasser der Lagune in Beziehung stehen, und zwar in dem Artikel *Che ci sia almeno la terra* in der Zeitschrift *Altrochemestre*, Nr. 3, Sommer 1995.

Bruna Bianchi hat die politischen Debatten und die Entscheidungen der Unternehmer rekonstruiert, die zum Bau des Hafens von Porto Marghera geführt haben, nachzulesen in dem Kapitel »Venezia nella Grande Guerra« in *Storia di Venezia. Il Novecento*, herausgegeben von Mario Isnenghi (Istituto della Enciclopedia Italiana, 2002).

Eine eingehende Beschreibung der Veränderungen, die Venedig, Mestre und Marghera im Zuge der industriellen Wende durchmachten, hat Carlo Rubini erstellt, in *La grande Venezia nel secolo breve. Guida alla topografia di una metropoli incompiuta (1917–1993)* (Cierre Edizioni, 2016). Gianfranco Bettin hat gemeinsam mit Maurizio Dianese über die gesundheitlichen Schäden der Arbeiter in den Chemiebetrieben Margheras berichtet, und ebenso über ihren Kampf um Gerechtigkeit, in der Untersuchung *Petrokiller* (Feltrinelli, 2002), außerdem hat Bettin den Roman *Cracking* (Mondadori, 2019) veröffentlicht.

In Venedig zu leben ist heute eine existenzielle Entscheidung, die Engagement erfordert. Daher sind die Sammlungen von Berichten aktueller Einwohner im Vergleich zu früheren Generationen sehr aufschlussreich: *Quando c'erano i veneziani. Racconti della città e della laguna*, herausgegeben von Caterina Falomo (La Toletta Edizioni, 2010); *I nuovi veneziani. Racconti, visioni, passioni e speranze*, herausgegeben von Caterina Falomo (La Toletta Edizioni, 2011); *Veneziani per scelta. I racconti di chi ha deciso di vivere in laguna*, herausgegeben von Caterina Falomo und Manuela Pivato (La Toletta Edizioni, 2012); *Veneziani (quasi) famosi. 282 modi di vivere la città*, herausgegeben von Alberto

Fiorin, Sebastiano Giorgi und Alessandro Rizzardini (La Toletta Edizioni, 2012); *Dal caranto della laguna. Voci per Venezia*, herausgegeben von Giovanni Benzoni (La Toletta Edizioni, 2020).

Die seltenen Räume unterhalb der Kirchen werden in dem wunderbaren Band *Le cripte di Venezia. Gli ambienti sommersi della cristianità medioevale*, herausgegeben von Manuela Zorzi (Carthesia, 2018) enthüllt.

William Dello Russo und Nicolò Miana haben dokumentiert, was man an klaren Tagen im Rücken Venedigs sehen kann: *Venezia & Dolomiti* (Sime Books, 2016).

Coda

Die mörderischen Steine

Die Erzählung *Die mörderischen Steine* wurde für Radio Rai in Form eines Minihörspiels geschrieben und ging am 30. Juni 1997 in der Sendung *Sintonie* über den Äther. Dies hier ist eine überarbeitete Fassung.

Dr. Hoffmann. Der erste Selbstmord hat sich am Freitag, den 15. April ereignet, zwischen vier und sechs Uhr morgens.

Inspektor. Das geht zumindest aus dem Gutachten hervor.

Dr. Hoffmann. Die Kollegen von der pathologischen Anatomie veranstalten keine Ratespiele. Oder wollen wir etwa gleich über Ihre Mitarbeiter herziehen, Inspektor?

Inspektor. Um Gottes willen. Vor allem, wenn man bedenkt, dass auch Sie jetzt einer meiner Mitarbeiter sind … Und zwar für geraume Zeit, wie mir scheint, denn der Fall dürfte sehr komplex sein.

Dr. Hoffmann. Alle diese Fälle, würde ich sagen.

Inspektor. Hmm … Bleiben wir einstweilen mal bei diesem hier.

Dr. Hoffmann. Der Selbstmörder hat sich an einer der Statuen an der Fassade der Scalzi-Kirche aufgehängt.

Inspektor. Sie war gerade frisch renoviert.

Dr. Hoffmann. Zwei Tage zuvor waren die Gerüste entfernt worden. Die Reinigung der nachgedunkelten Steine hat Jahre gedauert. In einem langwierigen Prozess mussten sämtliche Strukturen erneuert werden, doch am Ende hat man das Gotteshaus in seiner barocken Pracht wiederhergestellt.

Inspektor. Ein Anblick, bei dem einem der Atem stockt.

Dr. Hoffmann. Bedenken Sie, dass dieses Bauwerk als Erstes auf die Touristen einstürmt, wenn sie aus den Zügen steigen: Sie müssen daran vorbeigehen, sobald sie die Stadt betreten.

Inspektor. Jedenfalls hing der Kadaver von einem Seil, das am Hals eines Heiligen festgebunden war.

Dr. Hoffmann. So als hätte er den menschlichen Verfall der ewigen Schönheit gegenüberstellen wollen. Der Leichnam eines Sterblichen, der von der unzerstörbaren Statue eines Heiligen herabhängt!

Inspektor. Und Ihrer Theorie zufolge …

Dr. Hoffmann. Meiner Theorie zufolge beinhalten die Wahl der Todesart und der Ort des Selbstmordes, nämlich an der Schwelle zur Stadt, eine sehr deutliche Aussage.

Inspektor. »Eine Schreckensmaut, die derjenige, der Venedig betreten will, der Schönheit zu entrichten hat«, wie Sie geschrieben haben.

Dr. Hoffmann. Ganz genau. Sie sind viel gewissenhafter als meine Schüler. Wort für Wort erinnern Sie sich an meine Schlussfolgerungen.

Inspektor. Und damit wären wir beim zweiten Fall.

Dr. Hoffmann. Wie ich die Sache sehe, konfrontiert uns der zweite Fall mit noch komplexeren Aspekten. Selbstmord ist ja bekanntlich immer eine Form der Kommunikation.

Inspektor. Selbst wenn man sich umbringt, ohne auch nur einen Zettel zu hinterlassen?

Dr. Hoffmann. Gewiss doch. Die Autodestruktion ist eine extreme Form des Gesprächs, dem der Selbstmörder nur auf diese Weise Ausdruck verleihen konnte. Anscheinend ist es leichter, sich selbst auszulöschen, als die schreckliche Wahrheit über den eigenen Zustand auszudrücken.

Inspektor. Diesmal hat sich der Selbstmörder an den Handgelenken und den Knöcheln an einen der Pfähle im Canal Grande gekettet.

Dr. Hoffmann. Ja, in der Nacht des neunten Mai. Er hat wohl das Ansteigen der Flut abgewartet. Ein selbstgewählter Tod durch bewusstes Ertrinken! Eine schreckliche Art zu sterben.

Inspektor. Und dennoch ziemlich phantasievoll.

Dr. Hoffmann. Ich halte es nicht für angebracht, dass wir unseren Zynismus an den Toten auslassen.

Inspektor. Sagen Sie ruhig meinen Zynismus. Verzeihen Sie, ich dachte, der Gleichmut der Wissenschaft habe seine Freude daran, die unbarmherzigsten Seiten der Wirklichkeit zu beleuchten.

Dr. Hoffmann. Sie haben eine ziemlich veraltete Ansicht von uns Wissenschaftlern. Doch wir wollen nicht von mir sprechen. Wenn wir uns also wieder unserem zweiten Unglücklichen zuwenden, so stellen wir fest, dass sich der fragliche Pfahl …

Inspektor. … auf der Rückseite der Anlegestelle an der Ca' d'Oro befand. Ein weiteres Baudenkmal, das kürzlich renoviert wurde.

Dr. Hoffmann. Und da musste ich an einen ehemaligen Patienten von mir denken, einen anderen Venezianer, der sich vor ein paar Jahren unter vergleichbaren Bedingungen das Leben genommen hat.

Inspektor. Kannten Sie ihn gut?

Dr. Hoffmann. Fast gar nicht, würde ich sagen. Er kam erst drei Tage vor seinem Tod zu mir in Behandlung.

Inspektor. Da hätte auch Zauberei nichts mehr geholfen!

Dr. Hoffmann. Genau. Dem hätte ich beim besten Willen keinen Lebenswillen einimpfen können. Um ganz ehrlich zu sein, hatte ich nicht einmal genügend Zeit, um herauszufinden, was denn der Grund für seine autodestruktiven Anwandlungen war.

Inspektor. Jedenfalls konnten Sie nach dem Vorfall seine Akten studieren.

Dr. Hoffmann. Die Familienangehörigen haben mir sein Tagebuch gegeben. Beim Lesen stellte ich fest, dass dieser Mann von der Schönheit Venedigs besessen war. Er schien an der Stadt förmlich zu ersticken.

Inspektor. Eine Art Stendhal-Syndrom.

Dr. Hoffmann. Das würde ich nicht sagen. Das ist Amateurpsychologie aus dem Fernsehen. Und außerdem dürfen Sie nicht eine vorübergehende Unverdaulichkeit der Schönheit mit einer permanenten Vergiftung verwechseln. Das Stendhal-Syndrom spüren jene armen Touristen-Tröpfe, die aus ihren grässlichen Vororten nach Venedig kommen, aus Schlafstädten, die eher Friedhöfen für lebende Tote gleichen. Wenn sie dann in Venedig anlangen, ist es beinahe unausweichlich, dass ein an eine derartig scheußliche Umgebung gewohntes Individuum beinahe in Ohnmacht fällt. Ganz offensichtlich hält diese Person die enorme Schönheit, welche die Stadt über sie ergießt, in so massiver Dosierung nicht aus. Doch sich deshalb gleich das Leben zu nehmen … Ich meine, es steht doch jedem frei, die Koffer zu packen und nach Hause zu fahren, um mal wieder eine ordentliche Portion Auspuffgase einzuatmen.

Inspektor. Während ein Bewohner Venedigs …

Dr. Hoffmann. Ein Bewohner Venedigs muss Zeit seines Lebens die Bürde dieses unglaublichen Schönheitsballasts mit sich herumschleppen. Mein ehemaliger Patient kam sich vor wie in einer Mausefalle, der Zauber der einen Meter breiten Gassen drohte ihn zu ersticken … Diese Sträßchen lassen dem Blick keinen Ausweg, sie zwängen ihn zwischen den Anblick des Pittoresken und eine architektonische Epiphanie, sie pressen die Augen zwischen die Anmut einer Brücke und die schattige Idylle eines Durchgangs.

Inspektor. Nicht umsonst wurde er in der Calle del Paradiso gefunden …

Dr. Hoffmann. … dem, muss man schon sagen, bezauberndsten Gässchen Venedigs.

Inspektor. Die Basreliefs auf dem dreieckigen Architrav, die Balken, die aus den Strebmauern hervorstehen – ja, vielleicht ist es tatsächlich die schönste Gasse.

Dr. Hoffmann. Doch für ihn war es offensichtlich die tödlichste.

Inspektor. Auch hier hatten zuvor Renovierungsarbeiten stattgefunden. Die Gasse war erst kürzlich für die Passanten freigegeben worden.

Dr. Hoffmann. Richtig, in allen drei Fällen haben wir es mit Denkmälern zu tun, die einige Zeit abgedeckt waren. Wodurch sie gewissermaßen erträglicher, humaner wurden. Als die Gerüste entfernt wurden, war es für diese ohnehin schon äußerst gereizten Individuen, als würden sie von einer Flutwelle der Schönheit überrollt, die wieder zu ihrer ursprünglichen Kraft zurückgefunden hat. Jeder von ihnen hat gewissermaßen den ästhetischen Gnadenstoß bekommen.

Inspektor. Der Mann, der in der Calle del Paradiso gefunden wurde, hatte sich jedoch vergiftet.

Dr. Hoffmann. Ja, doch das eigentliche Gift hat ihm die Stadt eingeflößt.

Inspektor. Dann wäre also Ihrer Ansicht nach Venedig eine Art Serienmörderin.

Dr. Hoffmann. Sie schmeicheln mir, indem Sie – durchaus mit Absicht, wie ich sehe – jene Formel zitieren, die von den Medien aufgegriffen wurde. Die glückliche Formulierung diente ursprünglich als kurzes Zitat in einem wesentlich ausgefeilteren wissenschaftlichen Vortrag.

Inspektor. Mit dem Sie im Frühjahr beim Weltkongress der Psychiatrie in Pittsburgh für Aufsehen gesorgt haben.

Dr. Hoffmann. Ja, dieser Vortrag konnte bei meinen Kollegen in Übersee einen bescheidenen Erfolg verbuchen.

Inspektor. Und hat Sie zu einem der originellsten Psychotherapeuten unserer Tage werden lassen. Nach einer, wenn Sie gestatten, eher glanzlosen Laufbahn.

Dr. Hoffmann. Im Gegenteil. Im Unterschied zu den Gepflogenheiten bei der Polizei bedürfen wir keiner Empfehlungen, um Einstellungstests zu bestehen und befördert zu werden.

Inspektor. Ach was.

Dr. Hoffmann. Ich hatte während meines Studiums und auch später als Therapeut nichts anderes im Sinn als strikte Professionalität, und außerdem wüsste ich gar nicht, wie Sie das beurteilen wollen …

Inspektor. Natürlich, aber ich spreche ja nicht von Ihrer Karriere als Seelenarzt. Bevor Sie sich auf Psychiatrie spezialisierten, hatten Sie ja einen ganz anderen Weg eingeschlagen. Was mich stutzig machte, waren die vielen Verweise auf Bautechnik in Ihrem Vortrag, die architektonischen Metaphern darin. Sie sind ein gescheiterter Architekt, Doktor Hoffmann!

Dr. Hoffmann. Wie können Sie das behaupten!

Inspektor. Das habe ich in meiner Freizeit herausgefunden, wenn ich mal gerade keine Bitte um ein Empfehlungsschreiben verfasst habe. Mir sind einige Ihrer Artikel von früher in die Hände gefallen. Die, in denen Sie versuchten, die Absurdität jeglicher Restaurierung zu beweisen, bis hin zu dem Vorschlag, historische Gebäude systematisch zu zerstören, um so das Übel an der Wurzel zu packen.

Dr. Hoffmann. Ich verstehe den Zusammenhang nicht.

Inspektor. Vielleicht doch? Ich erinnere Sie an Ihren Aufsatz über den Campanile von San Marco, der zu Beginn des zwanzigsten Jahrhunderts einstürzte und von den Venezianern nach der Devise »com' era, dov' era« – wie er war, wo er war – wiedererrichtet wurde. »Zu glauben, man habe etwas auf die Beine gestellt, das auch nur im entferntesten dem Original ähnelt, ist Wahnsinn. Da sollte man es lieber dem Erdboden gleichmachen.« Habe ich Sie korrekt zitiert, Doktor Hoffmann?

Dr. Hoffmann. Sie zitieren Dinge, die schon lange her sind.

Inspektor. Und Ihre euphorischen Äußerungen zum Brand des Teatro La Fenice? »Ich fürchte mich nicht davor, der einzige zu sein, der triumphiert inmitten all der Scheinheiligen, die sich das Gewand zerreißen. Endlich ein wichtiges Gebäude, das ex novo errichtet werden kann. Hoffentlich führt die Todestrunkenheit dieser Stadt nicht zu dem hirnrissigen Vorschlag, das Theater ›wie es war‹ wiederaufzubauen. Hören wir endlich auf, Sklaven der Toten zu sein, uns der verfaulten Ästhetik unserer Vorfahren verpflichtet zu fühlen. Die hatten ja auch keine Gewissensbisse! Nahm der Neoklassizismus etwa Rücksicht auf die Gotik? Hätten wir das Barock gehabt, wenn das siebzehnte Jahrhundert brav die Renaissance kopiert hätte? Mit dem Brand des Fenice hat sich die Tür für die futuristische Utopie einen Spaltbreit geöffnet!«

Dr. Hoffmann. Übertreibungen von Journalisten. Dem, was in ihren Interviews zwischen Anführungszeichen steht, darf man nie trauen. Auf jeden Fall bin ich aber kein Architekt mehr.

Inspektor. Sie konnten auch niemals wirklich einer werden, und das war einzig und allein die Schuld von Venedig. Sie hassen diese Stadt, Sie haben ihr nie die Palazzi und Kanäle vergeben, die *calli* und *fondamente*, die Kirchen und Durchgänge. Mit sieben Jahren wurden Sie von Berlin hierher gebracht, man hat Sie an einem mit historischen Gebäuden vollgestopften Ort aufwachsen lassen. Einer Stadt, in der man nichts mehr bauen kann, nur noch restaurieren, instandsetzen, wiederherstellen, wo man das Alte achtet, Antikes verehrt, das Gebrechliche anbetet. Hier muss man sich davon verabschieden, etwas wirklich Neues schaffen zu wollen, anstatt wie in jeder anderen Stadt der Welt eine Spur zu hinterlassen und das eigene Dasein auf Erden mit einem kleinen Meilenstein zu markieren.

Dr. Hoffmann. Was Sie da gerade beschreiben, wäre ein unerträglicher Zustand für einen Architekten!

Inspektor. Ein Zustand, der zum Wahnsinn führen kann. Oder auch dazu, ihn auf andere zu übertragen. Durch eine Ironie des Schicksals ist Ihr Geburtsort ausgerechnet in den letzten Jahren zu einer permanenten Baustelle geworden. Und dann wurde Ihnen klar, dass Ihr Berlin sich in der Zwischenzeit zum Mekka der Architekten gewandelt hatte … Ganze Stadtviertel, die ausgehöhlt und neu errichtet werden!

Dr. Hoffmann. Der Potsdamer Platz, von Kopf bis Fuß neugestaltet, ein Fest der Innovation!

Inspektor. Das konnten Sie nicht ertragen. Sie haben drei Männer umgebracht, die von der Schönheit der Steine Venedigs nichts zu befürchten hatten. Sie haben sie als Opfer einer selbstzerstörerischen ästhetischen Obsession inszeniert. Sie verstiegen sich sogar dazu, ein neues psychisches Krankheitsbild zu erfinden und auf Kosten Ihrer Opfer berühmt zu werden. Sie wurden zum Abgott der Baulöwen, haben der schlimmsten Bauspekulation durch Ihre Argumente Vorschub geleistet. Und vor allem haben Sie sich an Venedig gerächt, indem Sie die Stadt beschuldigten, eine unbarmherzige Serienmörderin der eigenen Einwohner zu sein. Sie können Ihren Anwalt anrufen, Doktor Hoffmann.

Dank

Ich danke Maria Zanini, Ernani und Daniele Scarpa, Paolo Verri, der die Idee zu diesem Buch hatte – das ursprünglich für Schülerinnen und Schüler der Oberschulen gedacht war –, Edia Manente, die mich davon überzeugt hat, es zu schreiben, und Alberto Rollo, der es vor zwanzig Jahren gelesen, wiederentdeckt und mich dazu gebracht hat, ein Buch für Alle daraus zu machen, für junge und für erwachsene Menschen, und von dem der Titelvorschlag stammt.

Außerdem danke ich Stefano Bassanese, Marco Belpoliti, Carla Benedetti, Gianfranco Bettin, Daria Bignardi, Carlo Boldrin, Romolo Bugaro, Diego Calaon, Camilla Cottafavi, Maurizio Crovato, Ruggero Crovato, Gigi D'Anna, Valeria De Lazzari, Casimiro Di Crescenzo, Maurizio Dianese, Sofia Fabris, Costanza Fenegoni Varotti, Roberto Ferrucci, Antonella Fiori, Aurora Fonda, Alessandra Galletta, Cristiana Giacometti, Giuliana Giampietro, Chiara Girolami, Daniela Lotta, Diogo Mainardi, Vittorio Marchiori, Raul Montanari, Antonio Moresco, Mauro Mussolin, Enrico Ratti, Piero Vereni, Lucia Veronesi.

Ein besonderer Dank geht an JoAnn Locktov, die mich ermuntert hat, eine von ihr kuratierte Fotosammlung mit einer Einleitung zu versehen, *Dream of Venice in Black and White* (Bella Figura Publications, 2018), und an Luca Campigotto, den Fotografen, von dem die Bilder in *Venezia. Storie d'acqua* (Silvana Editoriale, 2018) stammen.

Italienische Reisen …

Klaus Wagenbach *Mein Italien, kreuz und quer*

Klaus Wagenbach macht eine vielseitige Liebeserklärung an Italien: Autorinnen und Autoren erzählen von ihrem Land, seinen Städten und Landschaften, Gebräuchen und Eigenheiten und immer wieder von seinen Bewohnern.

Aktualisierte und erweiterte Ausgabe letzter Hand
WAT 827. Broschiert. 384 Seiten

Roberto Alajmo *Palermo ist eine Zwiebel*

Achtung, Reisewarnung! Verkehrschaos, Mafia, und nirgends ist das Meer zu sehen: Roberto Alajmo kann alle Klischees über seine aufregende Heimatstadt bestätigen – aber so charmant und witzig, dass man unbedingt sofort nach Palermo will.

Aktualisierte Neuausgabe
Aus dem Italienischen von Karin Krieger und Moritz Rauchhaus
WAT 838. Broschiert. 176 Seiten

Mauro Covacich *Triest verkehrt*

Fünfzehn Spaziergänge in der Stadt des Windes

Triest ist anders als das übrige Italien. Es gibt die Bora, einen scharfen Wind, der über die Mole landeinwärts weht. Aber es gibt auch Kaffeehäuser. Und der Cappuccino schmeckt anders als in den Bars von Rom oder Mailand – Mauro Covacich lädt ein in seine besondere Stadt.

Aus dem Italienischen von Esther Hansen
WAT 696. Broschiert. 144 Seiten

Michela Murgia *Elf Wege über eine Insel*

Sardische Notizen

Elf Wege zeigt uns Michela Murgia auf ihrer Insel, zehn plus einen, weil runde Zahlen nur für Dinge taugen, die endgültig verstanden werden können. Und das ist in Sardinien nicht der Fall.

Aus dem Italienischen von Julika Brandestini
SVLTO. Rotes Leinen. Fadengeheftet. 168 Seiten

… bei Wagenbach

Giuseppe Culicchia Turin ist unser Haus

Reise durch die zwanzig Zimmer der Stadt

Fabrikstadt, nordländische Sparsamkeit, zynischer Fußball? Schon lange nicht mehr! Der Turiner Giuseppe Culicchia entführt in seine elegante Heimatstadt und bürstet die Klischees gegen den Strich – denn selbst die »Preußen Italiens« feiern mittlerweile öffentlich.

Aus dem Italienischen von Julika Brandestini
WAT 823. Broschiert. 240 Seiten

Dieter Richter Costiera Amalfitana

Geschichte einer Landschaft

Schroff ins Meer stürzende Felsen und kunstvoll kultivierte Terrassen mit den berühmten Amalfi-Zitronen – Dieter Richter erzählt die schillernde Geschichte der Amalfi-Küste von der Antike bis heute. Eine Liebeserklärung an eines der großen Wunder Italiens.

SVLTO. Rotes Leinen. Fadengeheftet. 160 Seiten mit vielen Abbildungen

Leonardo Sciascia Mein Sizilien

In seinen wunderbaren Miniaturen über »das Sizilianische« kritisiert Leonardo Sciascia seine Insel und verehrt sie zugleich, wie es sich für einen wahren Liebhaber gehört.

Aus dem Italienischen von Martina Kempter und Sigrid Vagt
SVLTO. Rotes Leinen. Fadengeheftet. 144 Seiten mit vielen Fotos

Klaus Wagenbach Nach Italien!

Anleitung für eine glückliche Reise

Eine Hand- und Kopfreichung für den Reisenden, der mit guten Vorsätzen, aber wenig Kenntnissen ins Land der Zitronen fährt.

SVLTO. Rotes Leinen. Fadengeheftet. 144 Seiten mit vielen Abbildungen

Tiziano Scarpa bei Wagenbach

Stabat mater Roman

Die Geschichte eines Waisenmädchens in Venedig: Cecilia spielt virtuos die von Vivaldi für sie komponierten Stücke. Sogar das Frühlingszwitschern einer Schwalbe kann sie auf der Geige nachahmen. Doch viel lieber möchte sie wissen, wer sie ist und woher sie kommt.

Aus dem Italienischen von Olaf Matthias Roth
SVLTO. Rotes Leinen. Fadengeheftet. 144 Seiten

Körper

Wie in *Venedig ist ein Fisch* erkundet Tiziano Scarpa die Welt über die Körperteile von den Augen bis zu den Füßen. Am Ende dieses herrlich überraschenden Buchs erscheint einem das vermeintlich Bekannte, der eigene Körper, wie der fremdeste aller Planeten.

Aus dem Italienischen von Olaf Matthias Roth
Quart*buch*. Gebunden mit Schutzumschlag. 160 Seiten

Was ich von dir will

Ein sehr junges, freches und auch noch brillant geschriebenes Buch über ein altes Thema: Liebe und Sex, Leidenschaft und Langeweile, Enttäuschung und Hoffnung.

Aus dem Italienischen von Olaf Matthias Roth
WAT 493. Broschiert. 160 Seiten

Wenn Sie mehr über den Verlag und seine Bücher wissen möchten, schreiben Sie uns eine Postkarte oder elektronische Nachricht (mit Anschrift und E-Mail). Wir informieren Sie dann regelmäßig über unser Programm und unsere Veranstaltungen.

Verlag Klaus Wagenbach Emser Straße 40/41 10719 Berlin
www.wagenbach.de vertrieb@wagenbach.de